银行业信息化丛书

银行业分布式数据库设计实务

陈蓓 刘文涛 邓琼 等著

Design Practice of Distributed
Database in Banking Industry

图书在版编目（CIP）数据

银行业分布式数据库设计实务 / 陈蓓等著 . —北京：机械工业出版社，2022.9
（银行业信息化丛书）
ISBN 978-7-111-71968-7

I. ①银… II. ①陈… III. ①分布式数据库 – 应用 – 银行业 – 研究 IV. ①F830.3

中国版本图书馆 CIP 数据核字（2022）第 207357 号

本书从数据库在银行业的应用入手，全面系统地介绍了适用于银行业务特点的强一致性金融级分布式数据库的研发实践，对分布式数据库的关键技术进行了分析，在介绍各种关键技术主流解决方案的基础上，结合银行业务特点对银行所采用的技术方案进行了详细的说明。

全书内容共分为 9 章。第 1 章介绍了银行数据库使用状况和分布式数据库技术发展现状；第 2 章介绍了金融级分布式数据库架构设计理念；第 3~8 章介绍了分布式数据库的关键技术，包括分布式查询优化、分布式事务管理、并发控制、批量处理、可靠性、扩展性等内容；第 9 章介绍了分布式数据库在银行的应用实践。

本书通过理论结合实践的方式，深入浅出地介绍了金融级分布式数据库的理论知识和技术实践，适合金融 IT 从业人员和分布式数据库设计人员作为技术参考书。

银行业分布式数据库设计实务

出版发行：机械工业出版社（北京市西城区百万庄大街 22 号　邮政编码：100037）
责任编辑：杨熙越　　　　　　　　　　　　　　责任校对：张爱妮　王明欣
印　　刷：三河市宏达印刷有限公司　　　　　　版　　次：2023 年 2 月第 1 版第 1 次印刷
开　　本：185mm×260mm　1/16　　　　　　　印　　张：13.5
书　　号：ISBN 978-7-111-71968-7　　　　　　定　　价：89.00 元

客服电话：（010）88361066　68326294

版权所有 • 侵权必究
封底无防伪标均为盗版

前　言

随着互联网金融时代的来临，数据库并发处理能力和扩展性的重要性日益凸显，设计满足银行业务的强一致性要求、可横向扩展的分布式数据库势在必行。具有创新基因的中信银行选择自主研发之路，从金融行业自身需求出发，研发强一致性的金融级分布式数据库。本书全面阐述了中信银行研发的金融级分布式数据库的技术架构，以及分布式数据库在中信银行的应用实践；介绍了中信银行金融级分布式数据库的若干关键技术，能够帮助广大银行IT工程师提升分布式数据库领域的技术水平，为各银行解决海量数据存储和高并发访问问题提供参考。

本书从银行业数据库的使用现状入手，从分布式数据库总体架构到具体功能介绍，循序渐进，重点阐述了分布式数据库在事务处理、查询优化、可靠性等方面的实现原理和技术优势。各章节具备相对独立性，方便不同层次读者的阅读和使用。

本书共分为9章，内容包括银行业的数据库应用状况和分布式数据库概述，分布式数据库架构设计，分布式查询优化的设计和实践，分布式事务管理理论、模型和实践，数据库并发控制的原理和分布式并发控制实践，分布式数据批量处理，分布式数据库的可靠性设计，分布式数据库的可扩展特性和分布式数据库在银行业中的应用实践等内容。

本书由陈蓓、刘文涛、邓琼等著，参加撰写工作的还有陈建锋、张兴强、鲍胜飞、左庄太、张丽、邹海丽、戴扶、陆天炜、钱煜明、贾新华等。本书的出版还得到了中信银行王燕、刘良俊、陈海等领导的悉心指导，中兴通讯赵培、管天云、张校逸、陆平、付裕等领导的大力支持，以及周伟然、徐金玉、林春、廖祥文、林禹五位专家的细心审稿，在此表示感谢，是所有人的不懈努力，才使得本书能够顺利地和读者见面。

  由于作者水平有限，且分布式数据库技术的复杂度较高，错误和遗漏之处在所难免，恳请读者不吝指教，我们将十分感激。

作 者

目 录

前言

第1章 概述 / 1

1.1 基本概念与理论 / 1
1.1.1 关系数据模型和关系数据库 / 1
1.1.2 分布式数据库的概念和特点 / 3
1.1.3 CAP 理论 / 4
1.1.4 大数据与分布式数据库 / 6

1.2 银行业的数据库应用状况 / 7
1.2.1 银行业的业务系统和数据库 / 7
1.2.2 银行业当前数据库应用的挑战 / 10
1.2.3 银行业数据库的应用方向 / 11

1.3 分布式数据库概述 / 13
1.3.1 分布式数据库的由来和发展 / 13
1.3.2 分布式数据库的优势 / 16
1.3.3 分布式数据库的挑战 / 18
1.3.4 分布式数据库在银行业中的应用前景 / 19

1.4 本章小结 / 20

第2章 分布式数据库架构设计 / 21

2.1 架构设计 / 21
2.1.1 总体逻辑架构 / 21

    2.1.2　总体物理架构 / 24

    2.1.3　计算节点设计 / 26

    2.1.4　数据节点设计 / 29

    2.1.5　管理节点设计 / 30

    2.1.6　全局事务管理器设计 / 33

2.2　存储引擎选择 / 33

    2.2.1　PostgreSQL / 34

    2.2.2　MySQL / 34

    2.2.3　MariaDB / 35

    2.2.4　数据库引擎选择因素 / 35

2.3　本章小结 / 35

第3章　分布式查询优化 / 37

3.1　概述 / 37

3.2　优化器基础 / 40

3.3　基于规则的优化 / 51

3.4　基于成本的优化 / 68

3.5　银行业实践 / 72

3.6　本章小结 / 75

第4章　分布式事务管理 / 76

4.1　事务概述 / 76

    4.1.1　事务的定义 / 76

    4.1.2　分布式事务 / 79

    4.1.3　BASE模型 / 80

4.2　分布式事务模型 / 81

    4.2.1　两阶段提交模型 / 82

    4.2.2　三阶段提交模型 / 84

    4.2.3　最终一致性事务模型 / 86

4.3　分布式事务实践 / 88

4.3.1 基本原理 / 88

4.3.2 异常处理 / 91

4.4 本章小结 / 92

第 5 章 数据库并发控制 / 94

5.1 并发控制概述 / 94

5.2 基于加锁的并发控制 / 95

5.2.1 锁类型 / 95

5.2.2 并发控制原理 / 97

5.2.3 死锁和死锁检测 / 102

5.3 基于时间戳的并发控制 / 105

5.3.1 时间戳类型 / 105

5.3.2 并发控制原理 / 106

5.3.3 优化与改进 / 106

5.4 多版本并发控制原理 / 106

5.5 乐观并发控制 / 107

5.6 分布式并发控制实践 / 109

5.7 本章小结 / 112

第 6 章 数据批量处理 / 113

6.1 数据导入导出 / 113

6.1.1 导入导出概述 / 114

6.1.2 分布式导入导出实践 / 115

6.2 存储过程 / 120

6.2.1 存储过程概述 / 120

6.2.2 分布式存储过程实践 / 122

6.3 游标 / 125

6.3.1 游标概述 / 126

6.3.2 分布式游标设计 / 129

6.4 本章小结 / 133

第 7 章 可靠性 / 135

7.1 组件高可靠 / 136
    7.1.1 Paxos 协议 / 136
    7.1.2 计算节点高可靠 / 139
    7.1.3 数据节点高可靠 / 140
    7.1.4 全局事务管理器高可靠 / 141
    7.1.5 管理节点高可靠 / 142

7.2 同城灾备 / 143
    7.2.1 概述 / 143
    7.2.2 同城灾备设计 / 144
    7.2.3 同城灾备切换实践 / 145

7.3 异地容灾 / 146
    7.3.1 概述 / 146
    7.3.2 异地容灾设计 / 146
    7.3.3 异地容灾实践 / 148

7.4 备份与恢复 / 150
    7.4.1 分布式备份设计 / 151
    7.4.2 分布式恢复设计 / 152

7.5 本章小结 / 153

第 8 章 扩展性 / 155

8.1 服务扩展性 / 155
    8.1.1 全局事务管理器的扩展性 / 155
    8.1.2 计算节点的扩展性 / 156

8.2 数据扩展性 / 160
    8.2.1 分片技术 / 161
    8.2.2 数据重分布方案 / 167
    8.2.3 数据重分布实践 / 170

8.3 本章小结 / 174

第 9 章 分布式数据库应用实践 / 176

- 9.1 集群规划 / 176
  - 9.1.1 概述 / 176
  - 9.1.2 存储规划 / 177
  - 9.1.3 组网规划 / 178
- 9.2 数据模型设计 / 179
  - 9.2.1 概述 / 179
  - 9.2.2 实体关系设计 / 180
  - 9.2.3 表结构设计 / 181
  - 9.2.4 表分布性设计 / 183
- 9.3 联机交易开发实践 / 185
  - 9.3.1 模型设计 / 185
  - 9.3.2 应用开发 / 188
  - 9.3.3 性能指标 / 191
- 9.4 日终批处理开发实践 / 192
  - 9.4.1 单节点存储过程 / 192
  - 9.4.2 游标式操作 / 194
- 9.5 运维管理 / 195
  - 9.5.1 系统安装和升级 / 195
  - 9.5.2 系统扩容 / 196
  - 9.5.3 系统监控 / 197
  - 9.5.4 常用运维工具 / 200
- 9.6 本章小结 / 201

附录 / 202

参考文献 / 203

第 1 章 概 述

1.1 基本概念与理论

1.1.1 关系数据模型和关系数据库

关系数据库⊖是当前银行业中应用得最广泛的数据库类型。1970 年,IBM 公司的工程师埃德加·弗兰克·科德(E.F.Codd)博士在 *Communications of the ACM* 上发表了论文 " A Relational Model of Data for Large Shared Data Banks",该论文首次提出了数据库关系模型的概念,基本奠定了关系模型的理论基础。

目前,银行业使用的数据库,如大型机上的 DB2,开放平台上的 Oracle、SQL Server、MySQL,都是关系数据库。随着关系数据库的发展,关系模型的应用也越来越成熟。

对今天的银行业来说,关系数据库的优势非常明显,如技术成熟、SQL 语言简单实用、技术模型和业务模型很形象且容易理解。

1. 关系数据库模型

关系数据库是根据关系模型进行开发的数据库,关系数据库能在应用中受到欢迎并迅速普及的重要原因之一,就是关系数据模型的表达非常容易理解和使用。

数据建模是对业务流程和数据特征进行抽象,通过直观的符号将业务流程、实

⊖ 关系数据库是支持关系模型的数据库系统。详见参考文献 [16] 41-47 页。

体属性、实体间关系描述出来的方法。数据模型要能较真实地模拟业务，就既要便于理解，又要便于在计算机上实现。数据模型主要由数据结构、数据操作、数据完整性规则三个部分组成。数据结构描述了组成数据库的基本成分，数据操作描述了对数据结构允许执行的操作集合，数据完整性规则描述了对数据结构所具有的约束和存储规则。

关系数据模型的数据结构是人们在日常事务处理中常见的二维表结构。关系数据模型将数据看成二维表中唯一行号和列号确定的元素的集合，即关系数据模型是用二维表的方式来组织、存储和处理数据和信息的。从应用的角度来看，任何一个组织（或部门）的关系数据库的基本组成成分是二维表，或者说某个组织（或部门）的数据库是由若干张相互关联的二维表组成的。由于二维表结构清晰、简单、易于理解，也易于在计算机上实现（存储、操作、控制），加上关系数据模型有数学理论基础（集合论、关系代数），因此现有主流数据库管理系统软件都是基于关系数据模型研发的，如 SQL Server、Oracle、DB2、Sybase、Access、FoxPro 等。因此，用这些关系数据库管理系统软件为某个组织开发的会计数据库系统必须按关系数据模型组织数据。

当前，有很多软件支持关系数据模型的建模，例如 erwin、PowerDesigner，这些软件可以形象地绘制实体关系图。业务模型创建好以后，可以将逻辑业务模型转换为物理模型，直接把业务实体转换成数据库中的对象。

2. 结构化查询语言

结构化查询语言（SQL）是专门针对关系数据库的数据访问而设计的一种编程语言。虽然每种关系数据库都有自己独特的一些特性，但基本都支持 ANSI SQL 标准。

SQL 的编写直观，从语句中能明显看出需要读写的数据，是一种容易掌握的语言。例如从 employee 表中查询出 id 号为 123456 的员工的姓名，使用如下语言：

```
select emp_name from employee where emp_id='123456'
```

这是简单的例子，事实上 SQL 可以对关系数据库中的数据进行非常灵活的操作。

3. 关系数据库系统架构

关系数据库管理系统（Relation Database Management System，RDBMS）是由计算机上一系列的内存和进程组成的，对 SQL 语句和管理操作进行解析，然后按照语义对存储的数据进行读写的系统。关系数据库技术架构如图 1-1 所示。

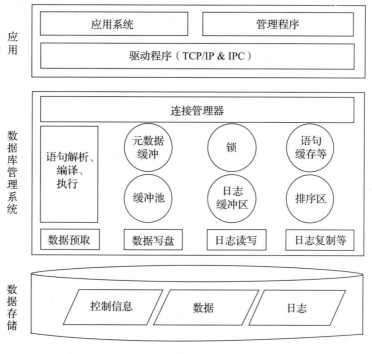

图 1-1　关系数据库技术架构

每种数据库产品的数据存储都有不同的格式，但是 RDBMS 上的数据存储一般分成三部分。

数据：存放业务数据，是应用真正需要的数据的容器。

日志：RDBMS 的事务日志。日志是数据库持久性和一致性的保证，保障异常发生后对数据库的恢复。

控制信息：记录 RDBMS 运行态的各种信息，如一致点的位置、数据文件的组成信息等，支撑 RDBMS 的正常运行。

目前的关系数据库系统都已经很成熟，每个软件都按照微软等大公司提出的规范对应用提供了简单、统一的数据库访问接口，如 JDBC、ODBC。应用程序通过驱动程序的接口来访问 RDBMS。

1.1.2　分布式数据库的概念和特点

分布式数据库[⊖]系统通常是地理上分散而逻辑上集中的数据库系统，即通过计算机网络将地理上分散的各个局域节点连接起来共同组成一个逻辑上统一的数据库系统。因此，分布式数据库相比传统数据库具有物理分布性以及逻辑整体性的特点。

⊖　分布式数据库是分布在一个计算机网络上的多个逻辑相关的数据库集合。详见参考文献 [17] 4-7 页。

分布式数据库系统是在集中式数据库系统和计算机网络技术的基础上发展起来的，同时提出了许多新观点、新方法和新技术，有效地提高了系统的性能。因此相比集中式数据库，分布式数据库具有以下特点。

1. 分布式数据处理架构有效地提高系统性能

分布式数据库系统由网络中的多个数据处理节点组成，每个节点类似于集中式数据库系统，具有局部自治性和全局协调一致性的特点。系统可充分利用分布的数据处理资源，并行、协调地对数据进行有效的处理，达到提高系统总体处理能力、系统吞吐率和系统响应速度的目的。

2. 低成本和灵活性、扩展性好

随着计算机处理能力的不断提高，支持分布式数据库系统的运行环境可以由价格低廉的 PC 服务器替代传统集中式数据库的小型机，分布式数据库系统具有更高的性价比。另外，系统具有很好的扩展性，在当前系统无法满足业务性能的需求时，可以通过增加计算节点的方式实现动态扩展，具有较高的灵活性。

3. 系统的可用性和可靠性强

分布式数据库系统的资源和数据分布在多个节点上，通过主备模式存储数据的多个副本，数据具有一定的冗余度。当个别数据节点发生故障时，其他副本提供服务，不会导致整个系统崩溃。

分布式数据库是相对于单点数据库或集中式数据库而言的，既有关系型的分布式数据库，也有非关系型的分布式数据库。

1.1.3 CAP 理论

加利福尼亚大学伯克利分校的埃里克·布鲁尔（Eric Brewer）教授在 2000 年分布式计算原理（Principles of Distributed Computing，PoDC）座谈会上首次提出了 CAP 猜想。2002 年麻省理工学院的赛斯·吉尔伯特（Seth Gilbert）和南希·林奇（Nancy Lynch）证明了 CAP 猜想的可行性，[1] 从此 CAP 理论成为分布式计算领域公认的定理。该定理指出，一个分布式系统不可能在一次操作中同时满足一致性（consistency）、可用性（availability）和分区容错性（partition tolerance），最多只能同时满足其中的两项。

一致性：客户端每次访问都能读到最新版本的数据（不返回老版本数据和错误数据，至于系统内部多副本之间是否一致，并不关心）。

可用性：每次访问都能获得结果，但不保证获得最新版本的数据。

分区容错性：即使内部网络故障（不考虑客户端与系统之间的网络故障），系统仍然可以提供服务。

CAP 理论示意图如图 1-2 所示。

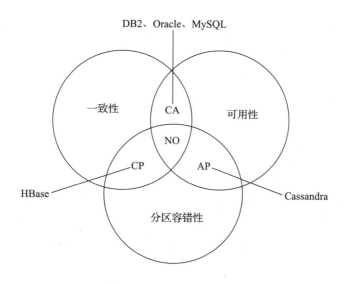

图 1-2　CAP 理论示意图

没有任何一个分布式系统可以避免网络故障。当网络故障导致系统分区时，我们只能从一致性和可用性中选择其一。当我们选择一致性时，系统将返回错误或者不返回任何结果而导致超时；当我们选择可用性时，系统将尽可能地将最新的数据返回，但并不能保证数据一定是最新的。

如果没有网络故障，那么一致性和可用性都可以保证。

CAP 理论最常见的误解是，我们必须放弃三个属性中的一个，实际上，只有当网络分区发生时，我们才必须从一致性和可用性中选择一个，如果没有网络分区，也就不需要进行选择。

数据库系统如果按照传统 RDBMS 保证 ACID ⊖ 的方式设计，则优先选择一致性；如果按照 BASE ⊖ 理念设计，比如 NoSQL，则优先选择可用性。

传统的商业数据库，如单机的 DB2、Oracle 和 MySQL 没有分区，不存在分区容错性，因此它们属于 CA 类。

HBase 属于 CP 类系统，一方面是因为当从底层的 HDFS 写入时，必须所有副

⊖　ACID 指原子性（atomicity）、一致性（consistency）、隔离性（isolation）、持久性（durability）。
⊖　BASE 模型的相关内容详见 4.1.3 节。

本都写入成功才能返回。另一方面是因为每一个区域的数据只有一个访问入口,即这个区域所属的区域服务器。当区域服务器故障时,它管理的区域将被分配到其他区域服务器,在这个过程中,这些区域无法访问。HBase通过控制访问入口提高了一致性,但降低了可用性。假想一下,一个区域的三个副本可以通过不同的区域服务器访问,则很难控制不同副本之间的一致性。

与HBase不同,Cassandra不需要所有副本都同步完成就可以返回。通过配置副本之间的同步策略,读和写只需要满足$R+W>N$即可(R表示读操作需要访问的副本数,W表示写操作需要同步的副本数,N表示副本总数),从而提高了写操作的可用性,降低了写操作的一致性,属于AP类。它通过读多个副本来弥补数据的一致性。

在银行业中,由于涉及大额资金交易,因此对数据的一致性要求极高,在设计分布式数据库时会选择优先保障CP,在保障CP的前提下提高可用性。

1.1.4 大数据与分布式数据库

近年来,随着数据量的高速增长,分布式数据库技术得到了快速的发展,传统的关系型数据库开始从集中式模型向分布式架构发展。一方面,基于关系型的分布式数据库在保留了传统数据库的关系数据模型和ACID等基本特征下,从集中式存储走向分布式存储,从集中式计算走向分布式计算;另一方面,随着数据量越来越大,关系型数据库开始暴露出一些难以克服的缺点,以NoSQL为代表的非关系型数据库,其灵活的数据模型以及高可扩展性、高并发性等优势经历快速发展,一时间市场上出现了大量的key-value存储系统、文档型数据库等NoSQL数据库产品。

大数据的管理和应用方向随之集中在两个领域:第一,以NoSQL为代表的非关系型数据库主要应用于大数据相关分析,针对海量数据的挖掘、复杂的分析计算;第二,基于关系型的分布式数据库则主要应用于在线数据操作,包括传统交易型操作、海量数据的实时访问以及大数据高并发查询等操作。基于关系型的分布式数据库和非关系型的分布式数据库都有各自的特点和应用场景,两者的紧密结合将会给银行业数据库的发展带来新的思路。

以NoSQL为代表的非关系型数据库虽然在对海量数据进行存储管理、数据分析等领域有着广泛的应用,但是由于它们大多不支持事务,无法满足数据的强一致性需求,对于复杂业务场景的支持能力较差等问题,因此对于需要确保数据强一致性的银行业等传统领域的在线数据操作的海量数据实时访问,非关系型的分布式数据库将显得无能为力。

基于关系型的分布式数据库则很好地解决了在线数据操作的大数据管理问题,

满足了大数据在实时高并发请求压力下的交互业务场景。这一领域的"大数据"应用也正在被更多的人接受。由于分布式数据库的落地更简单,在开发运维上更接近于传统数据管理系统,因此基于关系型的分布式数据库市场在快速地发展壮大,基于关系型的分布式数据库将是本书讨论的重点。

1.2 银行业的数据库应用状况

1.2.1 银行业的业务系统和数据库

银行业的核心业务系统的运行就是对账务数据进行操作的过程,所以银行业的业务系统和数据库是紧密关联的。银行业业务系统的大部分数据都保存在数据库系统中,这些系统从有数据库产品开始就采用数据库保存数据,数据库也基本上是每一个系统的标准配置。一般来说,银行业的 IT 系统按照功能来分,包括核心交易系统、外围交易系统和管理信息报表系统。其典型的结构如图 1-3 所示。

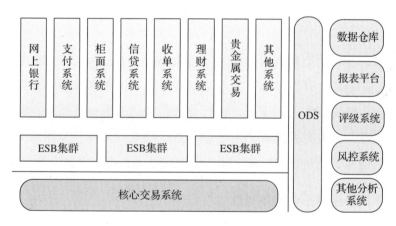

图 1-3 银行业应用系统结构图

核心交易系统是一套完整的会计核算系统,包含银行业务及这些业务运营的所有数据,如客户信息、账户信息、产品信息等。核心交易系统一般通过某种接口提供服务,接受外围系统的请求并按照这些请求对业务数据进行操作。

企业级交换总线(enterprise service bus)负责对各个外围系统的请求数据进行转发。它的功能类似于一个交换机,将经过它的请求数据转发给目标系统,以降低各系统之间错综复杂的调用关系。

由于银行业务近几年来的快速发展,外围交易系统越来越多。这些外围交易系统一般来说都是为了特定的业务需求开发的,因为需求多,系统也就越来越多。这些交易系统接受前端业务请求,完成系统自身的交易,并且把账务相关信息发送给核心交易系统进行记账。

操作型数据存储(operational data store,ODS)系统通过 ETL(extract transform load)工具,从各个交易系统中获取数据,将需要加工的数据加工成目标格式,然后分发给分析报表系统等各数据需求方系统。数据仓库和各分析报表系统最终将这些数据二次加工,并且展现给客户经理等业务人员,以给业务运营提供数据支撑。

由于银行业业务的多样性,当前银行业对数据库的使用也体现出多样性。

1. 数据库产品和应用功能的多样性

银行业目前使用的数据库以商业数据库为主,Oracle、DB2、Informix、Sybase 等产品使用得非常广泛。为了满足银行业的不同服务等级,商业数据库提供了多样化的产品和技术,如 Oracle RAC(real application cluster)和 DB2 pureScale 数据库集群产品适用于银行业高并发联机交易系统的业务场景,而 DB2 DPF(data-base partition feature)和 Teradata 等大规模并行处理(massively parallel processing,MPP)数据库,则很好地解决了银行业分析型应用系统的海量数据处理和报表加工这一技术难题。

近些年来,互联网金融的发展推动了开源数据库如 MySQL、PostgreSQL 等在银行业系统中的应用。开源数据库本身逐渐成熟,社区越来越活跃,企业的掌控能力也越来越强,使用成本大幅下降,银行业开始尝试根据业务需求,将一些开源数据库技术应用在部分业务系统中。由于业务系统功能的需要,使用的开源数据库不仅包括关系数据库,还包括 HBase、MongoDB、Cassandra、Redis 等非关系数据库。

2. 数据库产品应用平台的多样性

由于银行的应用系统多种多样,各系统的业务关键性和对安全级别的要求也不尽相同,再加上历史原因,各种体系结构的数据库在银行业系统中几乎都有应用。一般来说,大型银行的数据库运行在安装 ZOS 的大型机上,中型和小型银行的核心系统运行在安装 OS400、AIX 等的小型机上。重要的外围系统如网银、信贷、柜面等系统的数据库运行在小型机上,而重要级别不太高的系统运行在安装 Linux/Windows 的 PC 服务器上。图 1-4 是银行业各种主流数据库在不同业务系统、不同操作系统平台上的应用分布情况。

另外,随着互联网云计算的发展,银行业数据库体系架构正由小型机等向 X86 平台迁移,例如一些新兴的互联网银行,其重要核心业务系统就部署在低成本的 PC 服务器上。

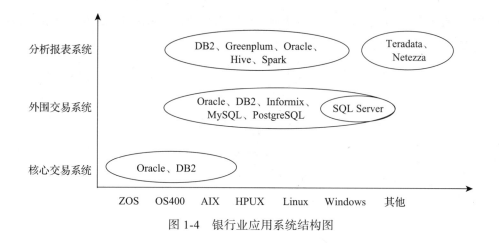

图 1-4　银行业应用系统结构图

3. 数据库操作的多样性

银行业系统的各类数据都保存在数据库里面，并且通过数据库进行访问。这些数据包括交易、报表、日志等各类内容，对这些数据的操作方式不尽相同。数据库的操作除了联机交易、联机分析中所有的操作以外，还有大量的系统间数据迁移和转换、海量数据中的精确查询和大量流式数据的实时计算等。

虽然在银行业的系统中，数据库的应用和实施多种多样，但是在应用这些数据库之前，都需要考虑以下因素。

（1）数据的一致性。信用是银行业的重要行业特征之一，银行业对数据一致性的要求是很严谨的。特别是涉及账务处理的核心系统，银行业核心系统使用的数据库，必须能够保证并发条件下的数据实时一致性。

（2）交易数据的准确性和稳定性。银行业的核心数据库为客户提供最重要的服务，这些服务必须能够提供准确的数字，并且不能中断。所以，银行业使用的数据库软件都是在实际应用中经过验证且比较成熟的软件。

（3）重要数据的高可用。由于银行业保存的信息是企业和个人最重要的信息，而且银行业的每一笔在线交易对用户来说都很重要，监管部门对银行业服务能力的要求也非常高，所以银行业对数据库的连续服务能力要求很高。而在现实情况下，无论是软件还是硬件都不能保证没有缺陷，即使不考虑软件缺陷，也会有计划内的软硬件维护。为了保证业务连续性，数据库必须要有高可用方面的特性，必须具备对"两地三中心"架构的支持能力，以保证业务系统 7×24 小时的连续服务能力。

（4）高效性。银行业的交易系统基本都是实时给客户提供服务的。随着业务的发展和互联网金融的推广，银行业系统的用户越来越多、数据量越来越大、交易越来越密集，并且这些交易包括转账、支付等对企业和个人而言都非常重要的交易。因此，支撑这些交易的数据库必须具备支撑业务某时点剧增和持续增长的性能。

（5）投入和可维护性。软件的使用成本是任何一家企业在选择软件时都要考虑的因素。软件的成本包括资金和人力两方面的投入，而软件的可维护性是人力投入的决定因素之一。银行业是数据库软件的使用方，为了减少人力投入，使用的数据库管理和操作必须简便。数据库必须完整地支持数据操作、在线扩容、滚动升级、数据迁移、安全审计等功能，同时要有方便的操作接口。

1.2.2　银行业当前数据库应用的挑战

随着中国经济和科技的发展，人们对金融的理解和要求逐渐发生了变化。银行对于人们来说，已经不再仅仅是一个存钱、取钱的机构，理财和综合融资的职能越来越重要。近几年来，银行业的客户量以及交易量呈现指数增长的趋势，对银行业的系统性能提出了很高的要求。而银行业的交易深入到了人们的日常生活中，对人们的日常生活越来越重要，对银行业系统业务持续性的要求也越来越高。伴随着经济发展的要求，业务创新成为银行业市场竞争力的重要组成部分，银行业IT系统的数量和功能大量增长，操作也变得越来越复杂，系统在复杂性和健壮性方面的挑战越来越大。而所有银行业系统面临的挑战，都对数据库技术有了新的要求。

互联网金融的迅速扩张，使银行业务系统的访问量快速增长，同时带来了数据量的指数级增长。对数据的访问方式也发生了巨大的变化，交易型数据库要求有更大的容量和更高的性能，分析型数据库要求更高的实时性，在这种情况下，银行业在传统的数据库使用中遇到了很多痛点，数据库本身的技术发展似乎已经不能满足业务发展的需求。

1. 数据库横向扩展能力受限

目前，多数数据库的性能都依赖于硬件计算能力，大多数情况下都是纵向扩展，虽然大型机的 Sysplex、Oracle RAC、DB2 pureScale 可以支持共享存储条件下的横向扩展，但是扩展能力的局限性较强，基本上满足不了面向互联网的业务系统的性能要求。加上共享存储数据库架构本身增加了操作的复杂性，加大了I/O操作时延，因此它们在银行业关键系统上对未来应用的支撑并不乐观。虽然目前一些数据库，如 MongoDB、Cassandra 等，在扩展能力上提高了很多，但是又不能完整地支持事务，所以基本上不能应用于银行业的交易系统。

2. 数据库对大容量的数据存储能力受限

当前，银行业的交易系统使用 TB 级以上的数据库已经非常普遍，并且交易量持续增高，无论是单机还是共享存储的数据库，运行在当前主流技术水平的硬件上已经非常吃力。MPP 架构的数据库虽然能够并行处理大量的数据，但是事务支持能力往往较差，而且并不善于处理高并发的交易类应用。

3. 业务瞬时高峰的性能瓶颈

受互联网金融的影响，银行业一般都会有瞬间交易量很高的业务，例如高收益理财产品的抢购和"双 11"抢购时的支付交易。为了保证交易的隔离性和并发，数据库软件具有非常严格的锁机制和进程（或线程）同步机制。在这种机制下，大并发、数据访问集中的交易会引起数据库资源的争抢，最终可能导致系统崩溃而影响数据库承载的所有交易。

4. 数据库功能受限于数据库厂商

传统上，由于商业数据库具有比较完善的功能和较强的可靠性，银行业的系统使用的都是商业数据库。但是，由于商业数据库都是针对通用的需求进行开发，银行业的一些独特功能需求往往不能被满足。尤其是对于中小型银行而言，它们在商业数据库功能提升方面几乎没有影响力。对于数据库软件在使用过程中的缺陷，供应商基本不能快速修复，而需要业务系统想办法进行规避。另外，由于没有源代码，银行技术人员只懂软件的原理和操作，对软件的掌控能力仅限于操作方面，数据库的整体服务能力对数据库供应商的依赖性非常强。

1.2.3 银行业数据库的应用方向

1. 技术开放性

银行业对软件的使用一般比较保守，很多业务的交易系统，尤其是核心系统都运行在 IBM 的大型机上。大型机具有更强的计算能力，管理、操作简便，虽然价格昂贵，但在银行业中的应用还是比较广泛的。在数据分析方面，银行业的数据仓库一般都采用 Teradata、DataStage、Cognos、SAS 等商业软件进行数据存储、加工、展示和挖掘。

近几年来，互联网企业的一些关键交易系统普遍采用了 MySQL、PostgreSQL 等开源数据库来处理，并且在应用开发、部署和运维方面采取了多种创新的方式来使用这些数据库。有的企业还基于这些数据库进行了二次开发，对开源数据库的功能进行裁剪、增加或者增强。面对互联网用户大规模的访问，这些数据库都保证了很多关键业务（如"双 11"的抢购和节假日微信红包的发放）的连续性和一致性。互联网企业对开源数据库的应用不仅降低了软件本身的使用成本，而且在高并发的交易情况下似乎表现出比大型机和 IBM 小型机更好的性能和可用性。而在数据分析方面，Hadoop 生态体系的发展和应用让银行业等传统行业看到了比商业 MPP 数据库成本低、扩展性好、可靠性高的数据处理方式，而且这些技术还在快速地进步。如果说 MR[⊖]存在开发效率低的缺点，那么现在众多 SQL on Hadoop 的方案如 Impala、Spark、HAWQ、Kylin 等，已经可以让技术人员像使用关系数据库一样去通过这些软件来操作数据了。

开源数据库已经发展了 20 多年，技术和应用已经比较成熟，加上互联网行业的验证，银行业正逐渐将不同重要级别的系统向开放平台数据库上迁移。而开放平台上大数据技术的各种优势，也会促使银行业逐渐应用。

2. 功能灵活性

对于银行业来说，使用商业数据库最重要的原因是它具有稳定性和厂商的支持能力。但是银行只是这些数据库的终端用户，并不了解这些数据库的实现细节和运行细节。当数据库出现缺陷或者运行状态和文档说明不一致时，我们只能依靠供应商，而没有任何能力去改变软件本身。

银行业是最开始将数据库应用到业务系统中的行业之一，在使用数据库方面有最权威的使用经验和用户体验，但是数据库技术的发展却没有涉及银行业的任何标准和规范。互联网发展了短短几年，开发了各种各样适合自己应用的数据库系统，但是银行业却一直依赖于供应商提供数据库功能。

对数据库技术缺乏掌控能力已经成为限制银行业数据库技术应用的一个短板，也在某种程度上限制了银行业的技术创新和业务创新。

基于银行业对数据库技术的认识、开源数据库的发展、行业专业领域的需求，银行业正转向可控性更强的数据库。

3. 架构扩展性

目前，大型机的计算能力比开放平台强，单机的开放平台数据库无法满足某些交易密集型业务系统的性能要求，而单纯分库分表不考虑事务处理这种方案又会使

⊖ MapReduce 的缩写，是一种可用于数据处理的编程模型。

应用架构和开发过程变得复杂。银行业的业务系统在走向开放平台数据库的过程中，必须依靠分布式的计算架构才能得到比大型机更好的性能、易用性和稳定性。在接下来的几年里，优秀的扩展性必定是银行业需要的数据库最重要的特征之一。

4. 成熟与创新

近几年来，支付宝、微信支付、余额宝、微众银行等互联网金融创新给银行业的印象极为深刻。而这些业务创新的背后，都有很强的技术创新作为支撑，甚至可以说，是技术引领了业务的创新。为了提供更好的业务支撑，银行业的数据库选择将是多元的，会在一些成熟而且创新的数据库技术上不断开拓业务。

1.3 分布式数据库概述

1.3.1 分布式数据库的由来和发展

20 世纪 70 年代，关系数据库的理论迅速发展，也产生了越来越多的数据库软件产品。最初，数据库的使用都是中心化的，各种应用连接到同一个数据库上进行操作。企业的跨地域发展使得数据集成的需求非常强烈，而计算机网络的普及和工艺的提高，让分布式数据库成为可能。20 世纪 80 年代中期，IBM 公司制定了分布式数据库的访问协议 DRDA（distributed relational database architecture），让应用可以通过统一的协调节点访问不同地域的数据库。

这些年来，数据库的用户需求不断增强，数据库技术也在不断发展。在物理部署方面，主要有以下四种架构。

1. 单机部署架构

实例和数据库运行在同一台物理服务器上。所有的数据库请求、数据库运算、数据存取都只在一台服务器上完成。

2. Share Disk 的技术架构

数据库服务由多个物理服务器组成，这些服务器共享同样的存储，即存储上的多个逻辑单元号（logical unit number，LUN）对所有服务器都可见，典型的产品是 Oracle RAC。这些服务器可以同时对外提供同样的服务，额外的组件进行负载均衡并保证数据一致性。应用通过连接任何一台服务器都可以操作所有的数据。集群管理器保证集群的高可用，对任何节点的错误进行错误恢复和服务切换。单机和共享存储数据库物理架构如图 1-5 所示。

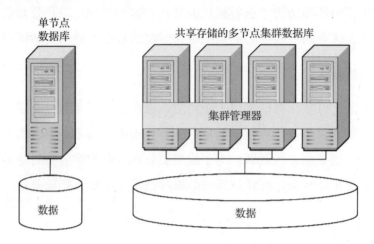

图 1-5　单机和共享存储数据库物理架构

3. Share Nothing 技术架构

MPP 数据库是由多节点集群组成的数据库，一般每个节点都能对外提供同样的服务。各节点都有自己的存储，物理上不共享任何数据。多个节点可以同时进行同一个语句的计算，计算中根据数据的分布情况在节点间交换数据，然后每个节点把本节点的计算结果交付给协调节点，协调节点对这些数据进行汇总并把数据返回给应用程序。MPP 数据库物理架构如图 1-6 所示。

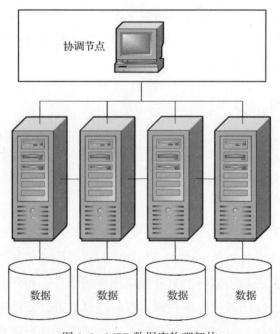

图 1-6　MPP 数据库物理架构

和集群数据库相比,区别有以下两点:

(1)计算节点之间在物理上不共享数据。

(2)同一条语句可以在多个节点上并行计算。

4. 基于前置中间件路由的分布式系统

这种架构的起源是在大量数据条件下,透明地实现数据的分库分表,并通过访问某个节点上少量数据的方式,减轻数据库的整体压力,提高应用系统的吞吐。这种架构和 MPP 相似,但是对数据的访问比较简单,网络开销相比 MPP 轻量很多,各节点之间没有数据传输,最终的数据汇总都在中间件上完成。

中间件作为和应用程序通信的接口,接收客户端请求,将请求解析并下发到数据节点,数据节点执行这些请求,并将执行结果返回给前置中间件节点,最终由前置中间件节点将数据返回给应用。

在这种架构下,一些软件还实现了分布式事务的全局读写一致性,很好地解决了传统数据库的分布式化难题,能够为金融交易提供完整的 ACID 支持。基于前置中间件的数据库物理架构如图 1-7 所示。

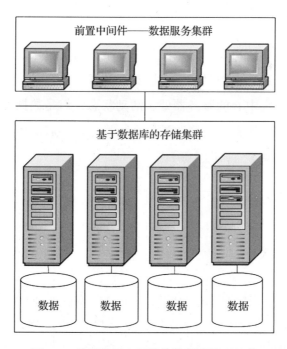

图 1-7 基于前置中间件的数据库物理架构

目前比较成熟的分布式数据库产品包括腾讯的 TDSQL、开源 MyCat 以及中兴的 GoldenDB 等,它们在工业界已经得到了很好的应用。例如,截至目前,MyCat 已经有数十个项目在使用,主要应用于电信领域、互联网等项目,大部分都是交易和管理系统,少量是信息系统,在一些核心系统中,数据规模单表单月就可达 30 亿条记录。腾讯的金融分布式数据库产品已经应用在包括腾讯充值(米大师)、微信支付等多个业务中,场景包括金融交易、春节红包、电子商务交易平台、O2O、大型游戏等各类场景。

1.3.2 分布式数据库的优势

1. 分布式数据库的横向扩展能力

分布式数据库最大的优势是它的横向扩展能力。在分布式数据库中,扩展能力分为计算能力和容量两个方面。

计算能力的扩展是指接受客户端连接、SQL 解析、数据处理能力的扩展。

容量的扩展是指整个数据库数据容纳能力的扩展。

2. 分布式数据库的高可用能力

银行业对于重要交易系统,有明确的"两地三中心"要求。银行业目前实施的数据库,实现"两地三中心"的方式有很多,本书以下面两种为例说明传统"两地三中心"的实施方式。

第一种方式是本地采用共享存储作为高可用,同城和异地通过存储层的 I/O 复制将数据实时同步。运行态中只有一台服务器挂载存储并对外提供服务,备机、同城灾备中心、异地容灾中心的服务器处于活动状态,但是数据库实例不启动。当主机出现故障时,通过切换存储、修改配置、切换地址、启动数据库等步骤将服务切换到目标站点的服务器上(见图 1-8)。

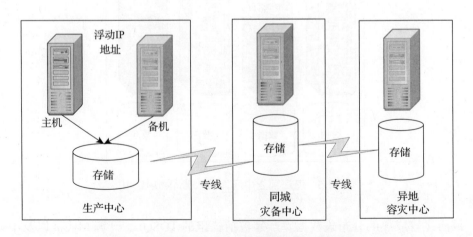

图 1-8 "两地三中心"实施架构(第一种方式)

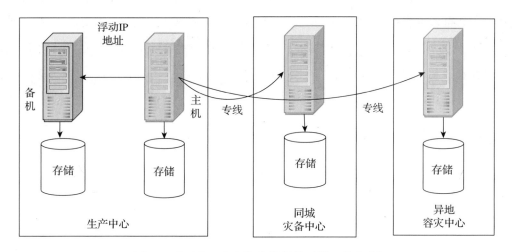

图 1-9 "两地三中心"实施架构（第二种方式）

第二种方式是采用数据库的复制功能来实现，如 Oracle 的 Data Guard 和 DB2 的 HADR。在这种部署结构中，主机数据库具有读写能力，备机、同城灾备中心、异地容灾中心的数据库具有只读能力。在故障切换时只需要数据库中的一个命令就可以完成。在这种架构中，虽然备机具有只读能力，但是当应用访问时，必须显式指定需要连接的备机地址。并且当备机故障时，也不具备将故障节点的连接自动路由到可用节点的功能，因此，读写分离能力的实现对应用并不透明（见图 1-9）。

分布式数据库通常具有协调节点和数据节点。当数据节点异常，发生主备切换时，协调节点自动识别并调整路由，这个动作对应用透明，提升了系统的高可用性（见图 1-10）。

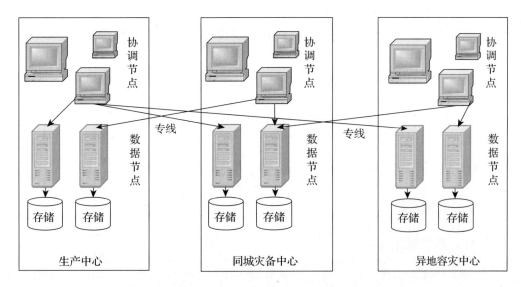

图 1-10 分布式数据库"两地三中心"实施示意图

3. 分布式数据库的性能

由于分布式数据库由服务器集群组成，数据计算和容量的负载分散到多个节点。单个事务只需要处理部分数据，因而处理时间变短。而整个集群的处理能力可以根据应用的需要横向扩展服务器进行增强。

4. 安全防护能力增强

随着我国信息化程度的不断提高，信息安全的地位越来越重要，而数据库软件在其中的作用也越来越大。因此，银行业需要一个能满足自身独特的业务需求和数据安全的金融级分布式数据库产品。

1.3.3　分布式数据库的挑战

1. 分布式事务的全局一致性

一致性，简单来说就是在一个事务结束以前，它所修改的数据，别的事务不能修改；任何事务读取的所有数据都是某一时间点提交的数据。单节点数据库使用二阶段锁来保证数据一致性，DB2 pureScale 使用 CF（集群高速缓存设施）里面的共享锁保证一致性。但是由于分布式数据库的数据节点是完全独立的，当同一个事务涉及多个数据节点的时候，就需要使用一些办法来保证全局的一致性。

目前，两阶段提交协议是保证分布式事务一致性的主要方法。两阶段提交协议把事务的提交阶段分成两步完成，在多个数据节点都提交数据之前，首先要让数据节点承诺可以提交，否则，就将事务全部回滚。但是两阶段提交协议并不是特别完善，如故障后的 indoubt 事务还有可能需要手动介入处理；协调节点的故障可能造成数据节点的锁等待；加上两阶段提交都是通过网络传输消息，commit 消息的先后还是会有窗口造成全局的不一致。

在一些特定的应用中，只维护数据的最终一致性。例如，两个数据节点中的两个账户进行转账，其中一个账户扣款以后，发消息给另一个数据节点，同时事务结束。另一个节点会异步地在该节点的账户上加入款项。如果目标节点加款失败，就进行反向冲正。这种实现方式增强了应用的复杂性，适用的场景受限。

无论怎样，在分布式环境中，保证全局事务读写一致，并且具备通用数据库的全部功能，极具挑战性。

2. 分布式数据库的性能

分布式数据库的优点之一就是为业务提供更好的容量和性能，总体接受的连接数和事务并发能力会显著上升。但是和单节点比起来，分布式事务又必然增加多次网络开销。所以，如果只考虑单个事务的执行时间，就需要从数据处理时间和网络开销等方面因素进行综合考虑。如果单个交易损失太大，总体的性能可能会得不偿失。

分布式数据库的性能给应用开发带来了一些挑战。表中数据的分布方式和应用程序使用这些数据的方式会影响整个数据库中的事务是否跨节点，进而影响数据库的吞吐量。因此，开发设计人员在使用分布式数据库的时候，就要了解分布式数据库的特点和限制，确定如何设计和编程以尽量提高单个交易的执行性能。

3. 分布式数据库的高可用和灾备建设

分布式数据库的高可用，可以通过写多副本或者日志复制的方式实现。在同一站点中，这并不会有过分的开销，但是当考虑到多站点，尤其是跨上千公里地域的灾备中心时，数据同步就更难了。

数据库可以通过写多份数据的方式实现数据冗余，在这种方式下，多次写是同步完成的，必须所有的副本数据都写成功事务才可以提交。对于相隔几千公里的异地容灾中心，网络开销对这种同步写方式的性能影响是不能接受的。

通过传输日志文件进行数据同步几乎是每个单节点数据库都具备的功能，但是在分布式数据库中，为了保证全局事务的一致性，就不能简单地同步每个数据节点了。如果一个事务修改了多个节点的数据，就必须要在所有节点的子事务产生的日志都完整地传送到另一个站点以后，全局事务才完成。

1.3.4 分布式数据库在银行业中的应用前景

未来商业的竞争就是数据的竞争，掌握更精准的数据，就能在市场竞争中占有绝对优势。分布式数据库具有扩展性、高可用方面的优势。银行业目前的数据库软件几乎都是商业软件，授权费用和维护费用都很高。为了保证单机的可靠性，存储和服务器也都是昂贵的设备。分布式数据库依靠软件架构保证可靠性，并且单个节点异常对整体的影响很小，所以分布式数据库可以运行在成本更低的 X86 平台上。

银行业有很多大数据存储和计算方面的需求，分布式数据库在以下场景中具有很好的应用前景。

1. 交易密集的交易系统：银行核心系统

零售业务是银行业中一项很重要的内容。为了争取零售客户，银行还会经常推出一些收益率高的金融产品。客户量大和交易量密集是零售业务的主要特征，而这种销售活动让系统的瞬时负载变得非常大。单节点的数据库在这种系统中会成为瓶颈，瞬时的大量交易会让数据库服务器资源用尽，进而使整个系统不可用。而在分布式数据库中，交易压力则可以分散到多个服务器中进行负载均衡，提高系统的可用性，保证抢购活动的平稳进行。本书所讨论的分布式数据库就是面向这种场景的数据库。

2. 海量数据的存储和查询

银行业是很成熟的行业，在多年的运营中积累了大量有价值的数据，并且这些数据基本上都是结构化存储的。受限于单机数据库的存储能力和计算能力，很多数据只能定期归档，而数据库只能对一定周期内的数据进行查询和分析。一方面，这种做法限制了系统功能、弱化了客户体验，无法保证客户对所有历史交易数据的查询；另一方面，银行本身也无法对很长时间的交易数据进行分析挖掘，可能会漏掉一些重要的信息。而分布式数据库在存储、计算以及扩展性方面的能力提高，能存储更多的交易数据，提升客户体验，支撑相关业务。

3. 数据分析与挖掘

随着数据收集、储存和分析技术的发展，可供使用的内部和外部数据种类呈爆发式增长，要利用这些数据制定客户营销策略，风险控制手段的选择就成为摆在我们面前的难题。传统的分析性数据库已经无法满足要求，我们需要可支持海量数据、快速分析的分布式数据库。

1.4 本章小结

本章重点介绍了银行业数据库的使用现状和分布式数据库的技术发展现状。

1.1 节和 1.2 节介绍了数据库的基本概念、原理和分布式数据库的架构，从银行业的业务场景出发，分析了分布式数据库能在哪些方向帮助银行业解决业务问题，从银行业的应用出发，描述了当前数据库的使用概况、行业需求和目前在使用过程中的问题，并以此为基础，说明了银行业对数据库产品的期待和应用方向。

1.3 节介绍了分布式数据库在银行业的业务场景中的优势和挑战，以及目前分布式数据库在银行业中的应用情况和前景。

第 2 章

分布式数据库架构设计

2.1 架构设计

本章以中信银行分布式数据库为基础介绍交易型分布式数据库的总体架构设计以及各关键组件的设计思路，其中 2.1.1 节和 2.1.2 节分别介绍分布式数据库架构的逻辑架构和物理架构，2.1.3 节、2.1.4 节、2.1.5 节、2.1.6 节分别介绍逻辑架构中四个组成部分的设计，具体为计算节点设计、数据节点设计、管理节点设计和全局事务管理器设计。

2.1.1 总体逻辑架构

如图 2-1 所示，中信银行分布式数据库为基于中间件的分布式数据库，由数据库驱动、计算节点集群、数据节点集群、管理节点和全局事务管理器（global transaction manager，GTM）五个部分组成。组成分布式数据库的各个节点无须共享任何资源，都是独立自治的通用节点，之间通过高速互联的网络通信，从而完成对应用数据请求的快速处理和响应。

（1）数据库驱动以集成的方式嵌入具体应用中，和应用部署在一起。从应用的角度看，驱动以标准的接口提供数据访问服务（如 JDBC）。分布式数据库的拓扑结构、数据分布情况对应用透明。从功能的角度看，数据库驱动实现了计算节点的透明接入、负载均衡和故障透明转移。分布式数据库的计算节点负责处理应用的

SQL 请求。计算节点集群由多个计算节点组成，用户可以规划计算节点和应用之间的对应关系。数据库驱动根据配置的规则将应用请求发送给合适的计算节点，并确保负载均衡地分配到这些计算节点上。当某些计算节点发生故障后，驱动层能够实施透明的故障转移，将应用的新请求发送给正常的计算节点，并在故障节点恢复后，能够将应用的请求重新路由到该节点上。

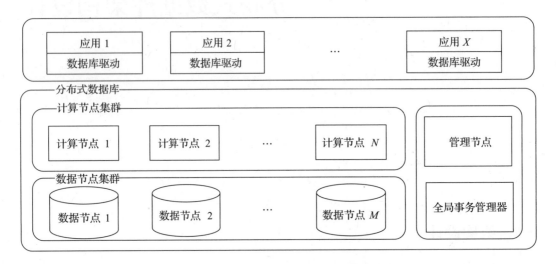

图 2-1　分布式数据库的逻辑架构

（2）计算节点集群层是分布式数据库的核心层，由无状态的计算节点组成。计算节点从驱动层或者管理节点接收用户的操作 [一般以结构化查询语言（Structured Query Language）进行描述]，进行逻辑优化和物理优化，生成满足分布式事务一致性的分布式查询计划。计算节点在执行分布式查询计划时，通过持续地访问数据节点，从而完成用户的最终操作请求。用户可以根据应用对可靠性、可用性、性能等因素的不同要求，对计算节点进行合理的规划和划分。

（3）数据节点集群是应用数据的最终存储组件。所有的数据节点组成一个或多个数据库集群，用户操作的事务不可以跨越多个数据库集群，只能在一个数据库集群内进行。一个集群中既可以有一个数据库，也可以有多个数据库。后者需要多个数据库在名称上区分，这种实施方式比较节约资源，但是不同数据库之间在业务并发时会争用资源。图 2-2 是一个分布式数据库集群的逻辑拓扑图。

1）数据库集群由一个或多个安全组组成，集群的每个表中的数据按照某种策略进行横向分片后存放到对应的安全组中。分片策略一般有复制策略、哈希策略、范围策略、列表策略和多级复合分片策略。

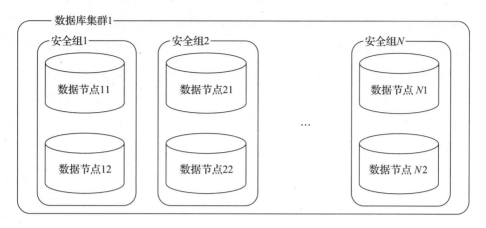

图 2-2 典型数据库集群逻辑拓扑图

- **复制策略**：适用于不常修改，且频繁出现在关联或子查询中的小表。在复制策略下，复制表的数据保存在每一个节点上，因此，在所有节点都需要这个表中数据的情况下，可减少节点间网络数据的传输，提高这种查询的性能。
- **哈希策略**：适用于将数据均匀地分布到预先定义的各安全组上，保证各安全组的数据量大体一致。一般用于不需要关心分发字段的取值范围和具体含义，且该表的操作基本都是等值操作的场景。
- **范围策略**：适用于指定一个给定的列值或列值集合应该保存在哪个安全组上的情况，常用于时间、日期、数值等类型的字段上，如数据按照自然月或自然天分布存储。
- **列表策略**：适用于含有一系列限定性或枚举性的字段上，如数据按照机构代码、国家代码、地区代码分布存储。
- **多级复合分片策略**：适用于当哈希策略、范围策略等单一字段分发策略无法对热点数据进行均匀分布的场景。通过第一级分片将不同热度的数据分类，通过第二级分片在同一热度内均匀地散列数据，如可以通过一级列表策略配合一级哈希策略或者一级列表策略配合一级范围策略来使用。

数据按照上述某种策略（复制策略除外）分片后，每个安全组上的实际数据在理论上只有总数据量的 $1/N$（数据分布的均匀程度依赖于切分策略和真实数据分布的匹配程度）。随着安全组数量的增加，每个安全组承载的数据量和读写负载会相应地减少，从而在数据节点集群内部具备了读能力和写能力的水平扩展。

2) 安全组是由一个或多个数据节点构成的数据库节点组，组内的数据库节点拥有相同的数据。当安全组中存在多个数据节点时,其中一个数据节点为主用数据节点,其他数据节点都为备用数据节点,数据在主备数据节点之间实时复制。主用数据节点具备读写能力,备用数据节点可以提供读能力。安全组内的数据节点数量越多,可靠性就越高,读能力也得以进一步扩展。安全组内数据的复制策略一般有以下几种。

- **最大保护策略**:日志数据必须同时写到主用数据节点和至少 N 个备用数据节点上,事务才能提交。N 值越大,数据零丢失的概率就越高,即使 N 个数据节点同时发生故障,数据仍然零丢失。但代价是安全组的写可用性降低,一旦日志数据无法同步给 N 个备用数据节点中的任何一个,安全组就不能对外提供写能力。

- **最大性能策略**:安全组对外提供最大的写性能,即一旦日志数据写到主用数据节点,事务即可提交。主用数据节点和备用数据节点之间的数据复制独立于事务提交过程,其同步速率完全依赖于主用数据节点和备用数据节点之间的网络带宽和速度。由于主用数据节点和备用数据节点之间存在不一致的可能性,安全组提供的读扩展能力受限于业务对数据延迟的敏感性。

- **最大可用策略**:最大可用策略在最大保护策略和最大性能策略之间取了折中。正常情况下运行在最大保护模式下,而当主用数据节点和 N 个备用数据节点中的一个或多个无法同步在复制时切换到最大性能策略,待同步故障解决后再切换回最大保护策略。

(4)管理节点在分布式数据库中负责集群管理流程,不涉及业务的访问流程,无负载压力,一般采用两节点主备方式部署。管理流程主要包括元数据管理、计算节点集群管理、数据节点集群管理、任务管理以及运维管理,详细情况可参考 2.1.5 节。

(5)全局事务管理器在分布式数据库中维护全局事务的全生命周期,提供申请、释放、查询全局事务的能力,采用双活方式部署,详细情况可参考 2.1.6 节。

2.1.2 总体物理架构

图 2-3 是一个分布式数据库的网络架构示意图,图中包括四层网络平面。

(1)网络平面 1:涉及计算节点和管理节点,用于对外提供服务。应用的 SQL 请求通过网络平面 1 发送到计算节点上,从而使用分布式数据库的数据服务能力。

用户或数据库管理员也可以通过网络平面1访问管理节点，从而查看和管理分布式数据库。

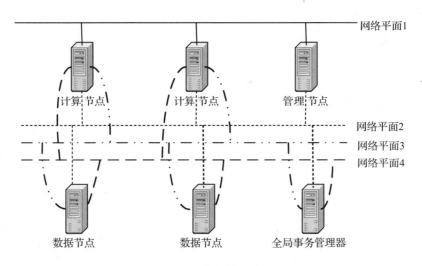

图 2-3　网络架构示意图

（2）网络平面2：涉及计算节点、数据节点、管理节点、全局事务管理器，为信令网络平面。信令网络平面一般用于传输数据量较小但需要及时响应和快速处理的管理指令，如存活检测、节点切换、元数据变更、集群变更、节点锁定等指令。

（3）网络平面3：涉及计算节点、数据节点、全局事务管理器，为数据网络平面。数据网络平面一般用于传输数据量非常庞大的用户数据。本网络平面对网络的要求非常高，直接关系到整个分布式数据库对外提供服务的性能指标。

（4）网络平面4：涉及计算节点、数据节点、全局事务管理器，为组播网络平面。组播网络平面一般用于全局事务管理器向所有计算节点和数据节点广播当前的最新全局事务状态。

在最严格的分布式数据库使用环境中，四层网络平面可由独立的四个物理网络承载。网络平面1和其他网络平面在物理上分开可提供更加安全的网络环境，外网和内网分开，避免了外部网络环境对内部网络造成干扰和攻击的可能。网络平面2和网络平面3在物理上分开可避免数据平面对信令平面的干扰，即使数据平面因为应用的高负载访问而发生拥堵，也不会影响正常的分布式数据库管理流程。网络平面3和网络平面4分开可以应对超大数据库集群和超大分布式事务场景下的事务状态变更，所有计算节点和数据节点都可以及时感知当前的最新全局分布式事务状态。在实际部署时分布式数据库管理员可以根据实际情况灵活部署。在最简模式下，四层网络平面也可以由同一个物理网络承载。

分布式数据库集群主要包括计算节点集群和数据节点集群，计算节点集群具备横向扩展能力，数据节点集群具备横向和纵向扩展能力。在高性能要求下，分布式数据库集群会涉及大量的计算节点和数据节点。在物理部署计算节点和数据节点时可以非常灵活，既可以将每个节点部署在一台物理机器上，也可以将多种类型的节点部署在同一台物理机器上，还可以部署在基于容器或者虚拟化的云平台上。不管采用哪种方式，一般都需要遵守如下原则：

（1）计算节点需要分配更高的计算资源，数据节点需要分配更好的内存和存储资源。

（2）归属于同一个应用的多个计算节点避免部署在同一台物理机器上，更进一步避免部署在同一机架或者数据中心中。

（3）归属于同一个安全组的多个数据节点避免部署在同一台物理机器上，更进一步避免部署在同一机架或者数据中心中。

2.1.3 计算节点设计

计算节点的功能主要包括三个部分：其一是接收管理节点的统一管理；其二是和全局事务管理器配合完成分布式事务的控制；其三是接收应用的 SQL 请求，并协调相关数据节点，完成应用的数据访问和操作请求。本节将从模块结构、内存结构、文件结构、进程及线程结构四个部分介绍计算节点的设计。

图 2-4 为计算节点的模块结构图，包括协议处理模块、SQL 预处理模块、查询计划生成模块、执行模块、路由模块、分布式事务模块、元数据缓存模块、统一管理模块。

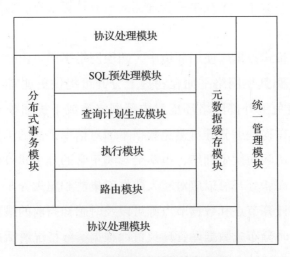

图 2-4　计算节点的模块结构图

（1）协议处理模块：计算节点与数据库驱动、数据节点、管理节点、全局事务管理器等网元都有大量的消息交互，需要一套共同遵守的协议规则以确保各网元对交互消息理解一致。协议处理模块完成网元间的交互消息和内部结构之间的转换工作。

（2）SQL 预处理模块：SQL 预处理模块从协议处理模块接收应用的 SQL 请求，并将预处理的结果输出给查询计划生成模块进一步处理。整个预处理过程包括软解析、词法与语法分析、语义检查、SQL 重写四个步骤。软解析在对 SQL 语句进行简单的规整处理后计算哈希值，并以此检查执行计划缓存。如果在执行计划缓存中找到该语句的执行计划，则直接跳到执行模块执行缓存的执行计划。词法与语法分析又称为硬解析，分别完成词法解析和语法解析，从而完成 SQL 字符串向机器可识别的 SQL 语法树的转换，并检查语法的正确性。语义检查从元数据缓存模块中获取相关元数据，并与语法树相互关联，从而确保整个语法树的各个部分与元数据定义完全一致。SQL 重写主要完成基于规则的优化，即根据关系代数和元数据信息（如索引、分发键定义等）对语法树进行等价转换，转换成分布式执行效率最高的等价语法树。

（3）查询计划生成模块：查询计划生成模块根据语法树生成执行模块可以执行的查询计划。整个生成过程包括基于成本的优化、查询计划生成、查询计划缓存的维护。基于成本的优化是根据统计、样本等信息评估多种查询计划的成本，选择成本最小的查询计划。查询计划生成后还需要维护查询计划缓存（如采用最近最少使用原则更新查询计划缓存），从而在处理类似 SQL 时提高查询计划的生成效率。

（4）执行模块：执行模块的输入是查询计划，来源于查询计划生成模块或者查询计划缓存。在执行查询计划的过程中，如果涉及数据节点，则通过路由模块获取数据节点上的库表数据；如果涉及全局事务管理器，则通过分布式事务模块获取全局事务信息；如果涉及排序、分组、连接等需要计算节点进行二次计算的算子，则可将算子进行划分后多线程并行执行，提高执行计划的执行效率。

（5）路由模块：执行模块通过路由模块访问数据节点上的数据。路由模块从执行模块中获取数据访问请求以及对应的安全组，然后根据请求的类型（读、写）、一致性要求（是否允许读取延迟数据）、安全组内各数据节点的拓扑（哪个节点是主用数据节点，哪些节点是备用数据节点）、安全组内各数据节点的负载、安全组内各数据节点的数据复制情况（哪些节点间有数据延迟，哪些节点间无数据延迟）选择最优的数据节点，并将数据节点返回的数据推送给执行模块。

（6）分布式事务模块：执行模块通过分布式事务模块访问全局事务管理器。分布式事务模块在高并发时按组申请和释放全局事务，并接收全局事务管理器的广播通知，在缓存中维护全局事务的最新状态，接收执行模块的全局事务状态查询。

（7）元数据缓存模块：元数据缓存模块缓存库、表、索引、存储过程、统计、集群拓扑等元数据信息，并接收执行模块、路由模块等其他模块的访问。

（8）统一管理模块：接收管理节点的统一管理，如配置管理、统计与告警管理、运行管理等。

如图 2-5 所示，计算节点的内存结构由会话内存、全局实例内存和全局共享内存组成。会话内存由会话私有，每个会话都有一份。会话内存存放会话的相关数据，包括当前语句和事务的上下文、语法树、执行计划、执行进度与状态、二次计算（如排序、分组、连接等）、中间结果集。全局实例内存用于存放同一个实例内各会话共享的数据，如执行计划缓存、元数据缓存、集群拓扑信息、统计信息。全局共享内存用于存放在同一个物理节点上各实例共享的内存信息，如全局事务状态信息。在多实例部署时，全局共享内存可以减少内存使用量和同步量，提高性能和资源利用效率。

计算节点的文件结构包括配置文件、日志文件和临时文件。配置文件主要存放元数据信息、集群拓扑及状态信息。配置文件还会维护配置版本号，当版本号与管理节点维护的版本号不一致时，计算节点会重新从管理节点上同步配置信息。日志文件主要记录计算节点在运行过程中的状态信息，运维日志记录运行过程的错误、异常、提示、跟踪信息，通用查询日志记录运行过程中的 SQL 语句执行情况，慢查询日志记录运行过程中执行较慢的语句在各阶段的执行情况。临时文件用于在内存资源不足时，对内存数据的临时存放，如超大结果集的缓存，文件排序等。

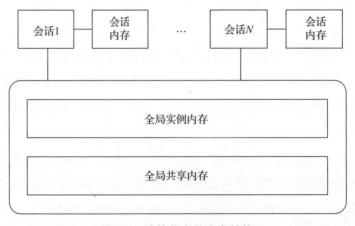

图 2-5　计算节点的内存结构

图 2-6 展示了计算节点的进程及线程结构。全局事务进程完成全局事务的申请、释放以及状态列表的维护，且在高并发场景下进行全局事务的组申请和组释放。监控器进程监控系统资源、服务实例进程和全局事务进程的健康状态、进程异常后的清理及恢复。服务实例进程完成用户的数据访问服务，由监听、会话、并行和管理四类关键线程组成。监听线程监听应用的新建会话，并为其分配合适的会话线程。会话线程池由多个线程组成，一般和系统的中央处理器核数相匹配，完成整个 SQL 语句的执行和处理。并行线程池由多个线程组成，具体线程数一般根据应用的特点灵活配置，用于并行算子的并行执行。管理线程负责管理类工作，如统计、告警、元数据同步与更新、集群拓扑及状态变更等。

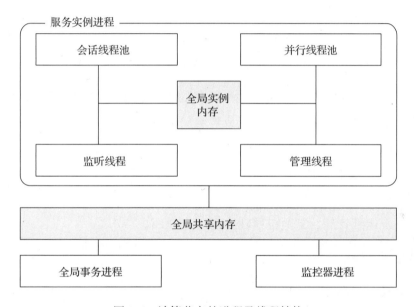

图 2-6　计算节点的进程及线程结构

2.1.4　数据节点设计

每个集群中的数据节点存放整个数据库的一部分数据，即存放每个表的一个分片，对计算节点提供该分片上的数据访问服务，并接收管理节点的管理，进行集群组建和复制构建等管理工作。数据节点由数据库存储引擎、监控器进程、全局事务进程、辅助进程组成。

数据库存储引擎完成本数据分片的数据访问服务，具备正常单机数据库的所有组件和能力，如事务并发控制、多版本控制、前滚、回滚、SQL 分析与优化等。存储引擎有多种数据库可选择，可参考 2.2 节。然而作为整个分布式数据库集群中的单个数据库分片，数据节点上的数据库存储引擎和通用单机数据库引擎存在差异性，如多版本控制和分布式多版本控制的差异性，事务并发控制和分布式事务并发控制的差异性。

监控器进程监控系统资源、辅助进程的健康状态、进程异常后的清理及恢复。

全局事务进程负责维护全局事务状态列表的同步工作，支撑实现分布式可重复读功能以及分布式多版本并发控制。

辅助进程负责数据库引擎统计指标的收集与整理、本数据节点参与的数据复制关系构建与变更、数据的批量导入与导出处理、数据库的备份与恢复、数据库快照的抓取与恢复等。

2.1.5　管理节点设计

管理节点负责整个分布式数据库集群的管理工作。按流程方向，管理流程可分为下行流程和上行流程。下行流程是根据用户的操作命令或者用户设置的任务对相关网元进行协调和操作。典型的下行流程有组建集群、数据重分布、设置备份策略等。上行流程是计算节点、数据节点或者全局事务管理器发生状态变更后，管理节点协调相关网元进行变更，以适配最新的状态。典型的上行流程有安全组内主用数据节点异常后的集群拓扑重构、表数据异常后的表禁用、统计和告警信息的上报等。按功能点，管理流程又可分为元数据管理、计算节点集群管理、数据节点集群管理、任务及运维管理，下文按照功能点一一介绍。

1. 元数据管理

元数据指数据的元信息，如库、表、视图、触发器、存储过程、函数等数据模型的定义。为了提高启动和运行效率，除了管理节点存有元数据定义外，计算节点和数据节点也会存放元数据定义，但计算节点和数据节点只存放本节点所涉应用的元数据定义。管理节点存放全量元数据，且管理节点是整个分布式数据库集群的元数据中心，即当计算节点或数据节点中的元数据和管理节点中的元数据不一致时，会同步管理节点的元数据到本地。

元数据管理既涉及下行流程，也涉及上行流程，如用户在管理节点上进行元数据定义和变更属于下行流程。应用通过标准 DDL 语句在计算节点上发起元数据定义和变更属于上行流程。

在上行流程中，计算节点收到应用发送的 DDL 后，首先通知管理节点协调相干计算节点对相关元数据加元数据锁，保证并发条件下的数据一致性。然后计算节点协调对应的数据节点集群进行对应的元数据变更，在集群中所有数据节点都成功完成元数据变更后，通知管理节点存储对应的元数据，并由管理节点协调相干计算节点变更至最新的元数据状态。最后该计算节点通知管理节点协调相干计算节点释放相关的元数据锁，至此完成上行流程中的元数据变更。下行流程中的元数据变更和上行流程类似，管理节点收到用户的元数据变更文本后，推送给某个计算节点，之后可复用上行流程。

管理节点会为每个数据节点集群维护一个元数据版本号，每进行一次元数据变更都会递增一次版本号。异常的计算节点或数据节点恢复时，会向管理节点请求元数据版本号。如果返回的版本号和本地存放的版本号不一致，则从管理节点同步最新的元数据。当元数据和管理节点一致后，计算节点和数据节点才会正式对外提供服务。

2. 计算节点集群管理

计算节点集群管理一般分为两类。一类为集群的组建管理，包括计算节点的创建、启用、禁用和删除；另一类为集群的应用管理，包括定义计算节点和应用的对应关系、计算节点间的负载分配、计算节点异常和恢复后的负载调度。

计算节点的创建和删除分别指将某个特定节点加入到计算节点集群中，或者从计算节点集群中删除某个特定的计算节点。计算节点创建完成后不能直接对外提供服务，需要启用后才能提供服务。同样对外正常提供服务的计算节点只有成功禁用后才能实施删除操作。禁用操作有优雅禁用和强制禁用两种方式，优雅禁用指实施禁用操作时计算节点拒绝新的事务请求，但仍然让进行中的事务顺利执行完毕，当进行中的事务执行完毕后整个优雅禁用操作完成。强制禁用则不仅拒绝新的事务请求，同时强制回滚当前正在执行的事务，所有事务成功回滚后强制禁用操作完成。用户通过启用和禁用操作，可以根据应用重要程度制定灵活的计算节点集群升级和变更策略，从而降低对应用的影响程度。

计算节点集群由多个计算节点组成，用户可以通过管理节点定义哪些计算节点为哪些应用提供服务，以及为该应用提供多少比例的负载。一般而言，为了获得高可靠性，每个应用至少分配两个计算节点。从资源利用率看，单个计算节点也可以为多个应用提供服务。在实际应用时，可从可靠性、资源利用率、应用的负载和重要性等多个维度制定计算节点的应用服务策略。

计算节点在运行过程中可能因为软件或硬件等原因出现如宕机等异常，管理节点需要及时发现异常的计算节点，并将异常节点的负载重分配到其他相干正常节点。异常节点恢复后，管理节点能及时发现该异常节点已经恢复，并将负载重新迁回到该节点。管理节点发现计算异常后，除了做负载重分配工作外，还需要选择一个计算节点做影子节点,该影子节点需要清理节点异常时在数据集群上残留的不一致数据,并释放相关的全局活跃事务。

3. 数据节点集群管理

数据节点集群管理也分为两类。一类为集群的组建管理,包括数据节点、安全组、数据节点集群的创建、变更和删除;另一类为集群的应用管理,包括定义数据节点和应用的对应关系、数据节点异常、恢复后的调度管理。

数据节点集群的创建过程包含三个基本步骤,首先创建数据节点,然后根据一个或多个数据节点组建安全组,最后根据一个或多个安全组组建数据节点集群。数据节点集群创建成功后就可以分配给某些应用使用,当然在使用过程中由于应用负载的变化需要对数据库集群进行扩容或者缩容。扩容意味着增加安全组,缩容则意味着减少安全组。数据节点存放着数据,所以是有状态的,在增加或者减少安全组时需要对数据进行相关控制,从而保证数据的完整性和一致性。数据节点集群增加安全组不影响集群对外提供数据访问服务,数据仍然驻留在原来的安全组上。安全组增加成功后(可以增加一个或多个安全组),通过数据重分布操作将部分数据从原来的安全组迁移到新增加的安全组,同时元数据中的数据分布定义也做相应的同步变更。重分布完成后,新增加的安全组就会承担规划的数据服务。数据节点集群减少安全组和增加安全组非常类似,不过各步骤的顺序有所不同。首先通过数据重分布将数据从待删除的安全组迁移到其他安全组中,并更新元数据定义中的数据分布策略。当安全组中不存在与数据节点集群相关的数据服务任务时,就可以删除这些安全组,且不影响集群对外提供数据访问服务。

为了提升数据服务的可靠性和可用性,安全组一般由多个数据节点组成。其中一个数据节点为主节点,提供读写服务,其他节点为备节点,提供读服务。数据节点集群管理需要监控安全组内主备数据节点间的数据复制进展及健康情况、数据节点的自身健康情况等。在主数据节点异常后,管理节点需要根据各备用数据节点的数据复制进展、物理位置(同一个机框、同一个机房)从备用数据节点中选出新的主用数据节点,并组织相关数据节点重构安全组内的数据复制关系。当异常节点恢复后,能够及时发现该节点,并将该节点作为备用数据节点加入到安全组内的数据复制关系中。

4. 任务及运维管理

任务及运维管理主要包括导入导出、备份恢复、安装升级、统计告警管理。导入导出管理需要将导入导出任务分解到各数据节点，让导入导出任务在数据节点内和数据节点间并行实施，同时提供可调的资源消耗策略，降低导入导出任务对在线业务的影响。导入导出管理需要提供便利性操作，如暂停操作、恢复操作、进度展示、实施时间窗口设置等，可靠性需要考虑网络闪断、数据异常。尤其是数据异常，在大规模数据导入过程中，少数几条异常数据的存在可能成为常态，导入导出管理应当能够将正常数据导入导出成功，并将异常数据提取出来供人工决策。备份恢复包括物理全量热备份、物理增量热备份、交易快照备份，通过三种备份可以恢复到任意时间点的数据。集群备份恢复的核心功能是解决多数据节点备份数据的事务一致性问题，交易快照备份中含有全局事务的备份，从而可以恢复到全局一致的数据状态。分布式数据库中有计算节点集群和数据节点集群，这些集群中有大量的节点，需要能够对这些节点进行自动化的安装和升级。在大集群中，自动化的升级能力需要具备灰度发布能力和优雅升级能力。统计告警管理则能够从多个维度展示分布式集群的运行状态，协助数据库管理员发现系统的异常、监控业务负载，从而进行合理的集群规划和负载规划。

2.1.6 全局事务管理器设计

全局事务管理器主要负责全局事务管理，包括全局事务的申请和释放，并提供全局活跃事务的广播和查询服务。全局事务管理器的设计重点在于可靠性和高性能。跨数据节点的分布式事务涉及节点间数据提交的一致性，而该数据的一致性主要依赖于全局事务的状态，所以全局事务节点必须是高可靠的，即一旦给申请者返回申请成功，该全局事务必须是活跃的；而一旦给申请者返回释放成功，该全局事务就必须是非活跃的。可靠性体现在全局事务的状态必须是持久化的，且不随着单节点异常、掉电等异常的发生而丢失。高性能体现在所有分布式事务都涉及全局事务管理器的交互，且随着计算节点、数据节点的水平扩展而扩展，从而产生大量的申请、释放、广播消息，同时维护的活跃事务列表也会随着并发量的增加而变长。全局事务管理器的高可靠和高性能，可通过软硬件的结合、节点双活、组提交、网络组播、预处理等方式来保证。

2.2 存储引擎选择

分布式数据库的存储引擎可以借鉴开源成熟数据库的相关技术，降低开发风险和成本。当前成熟稳定的开源关系型数据库主要有 PostgreSQL 数据库、MySQL 数据库及其相关分支 MariaDB。这些数据库与常用的数据库在功能和性能上基本类似和相当，但考虑到市场使用情况、案例数、研发投入等因素，本书介绍的分布式数据库架构采用了 MySQL 开源数据库。2.2.1 节简单介绍了 PostgreSQL 数据库，2.2.2 节简单介绍了 MySQL 数据库，2.2.3 节简单介绍了 MariaDB 数据库。

2.2.1 PostgreSQL

PostgreSQL 是完全由社区驱动的数据库开源项目，提供了关系型数据库的丰富功能。很长时间以来，PostgreSQL 是唯一支持事务、子查询、多版本并行控制系统（MVCC）、数据完整性检查等特性的自由软件数据库管理系统。其官方关键词是提供世界上最先进的开源数据库。PostgreSQL 基于自由的 BSD/MIT 许可，任何组织或个人都可以自由地使用、复制、修改和重新分发代码。PostgreSQL 支持大部分主流的操作系统，如 Linux、AIX、BSD、HP-UX、SGI IRIX、Mac OS X、Solaris、Tru64、Windows；具备商用数据库的大部分功能和特性，如标准的 SQL 语句（覆盖了 SQL-2/SQL-92 和 SQL-3/SQL-99）、完整的事务 ACID 特性、外键、连接、视图、触发器、存储过程、并发多版本控制、基于时间点恢复、表空间、同步复制、嵌套事务、在线热备、成熟高效的查询优化器；其支持的编程接口也非常丰富，如 C/C++、Java、.Net、Perl、Python、Ruby、Tcl、ODBC 等。

2.2.2 MySQL

MySQL 是 MySQL AB 公司开发的，当前由 Oracle 公司维护，提供了完整功能的关系型数据库，其官方关键词是提供世界上最流行的开源数据库，有大量的用户和案例。MySQL 采用双授权机制，发布企业版和社区版。社区版基于 GPL 协议开源，任何组织或个人都可以使用、复制、修改和重新分发代码，但必须遵守 GPL 开源协议。MySQL 支持所有主流的操作系统，包括 Linux、AIX、BSD、HP-UX、Mac OS、Solaris、OS/2、Novell、Windows。具备商用数据库的大部分功能和特性，如标准的 SQL 语句、完整的事务 ACID 特性、外键、连接、视图、触发器、存储过程、并发多版本控制、多存储引擎支持、物理热备（针对 InnoDB 的 Xtrabackup 工具）、在线热备、成熟高效的查询优化器。其支持的编程接口也非常丰富，包括 C/C++、Java、.Net、Perl、Python、Ruby、Tcl、PHP 等。

2.2.3　MariaDB

MariaDB 关系型数据库是 MySQL 的一个分支，主要由开源社区维护，采用 GPL 授权许可。MariaDB 由 MySQL 之父迈克尔·蒙蒂·维德纽斯（Michael Monty Widenius）于 2009 年创立，完全兼容 MySQL，包括 API 和命令行，创建该分支的原因之一就是 Oracle 公司收购了 MySQL 后，MySQL 存在闭源的潜在风险，因此社区采用该分支规避风险。MariaDB 继承了 MySQL 的大部分代码和几乎所有特性，不过 MariaDB 和 MySQL 已经作为两个分支并行发展，大部分代码非常相同或类似，新开发的特性会有所不同。目前来看，MariaDB 在功能支持丰富程度上较 MySQL 版本稍有落后，同时性能上也存在一定的差距。

2.2.4　数据库引擎选择因素

MySQL 对自己的描述为：全世界最流行的开源数据库系统。而 MariaDB 则是：全世界增长最快的开源数据库系统。从 db-engines.com 的 DB-Engines Ranking 中也能看出，MySQL 得分很高，在所有数据库中仅次于 Oracle，在开源数据库中遥遥领先于其他产品，是使用最广泛、流行度最高的开源数据库，在互联网上也有最多的资源支持。

银行对数据库的稳定性要求极高，MySQL 在全球的应用范围较 PostgreSQL、MariaDB 更加广泛，社区也更加活跃，故障能在更短的时间内修复。所以在同样能满足性能和功能等条件的基础上，我们的分布式数据库架构采用了 MySQL 开源数据库作为数据节点。

2.3　本章小结

本章重点讨论了无共享分布式数据库的架构设计，整个架构从逻辑上看包括了计算节点集群、数据节点集群、管理节点集群和全局事务管理器。

2.1 节分别从总体逻辑架构、总体物理架构、计算节点、数据节点、管理节点、全局事务管理器的角度描述了关键设计理念和核心功能。计算节点设计的核心在于分布式事务控制和分布式优化器的设计,数据节点集群设计的重点在于本地化数据服务和数据库可靠性设计,管理节点设计的重点在于操作的便利性,方便数据库管理员对分布式数据库集群进行运维,以及对负载和资源进行预测,全局事务管理器设计的重点在于高可靠和高性能。

2.2 节介绍了当前主流的开源数据库引擎,并讨论了银行业内分布式数据库在选择开源数据库引擎时所考虑的因素。

第 3 章

分布式查询优化

3.1 概述

在分布式数据库系统环境下 SQL 优化既是难点也是重点。难点在于，分布式数据库系统环境比单机数据库环境更为复杂；重点在于，分布式执行计划的优劣对于执行效率而言有着非常重要的意义和作用。

单机数据库执行语句过程图如图 3-1 所示。

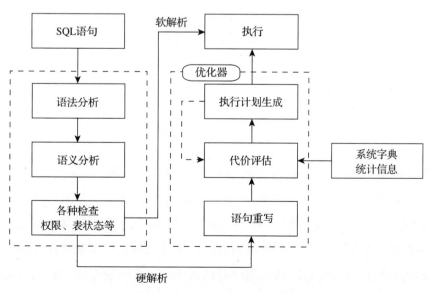

图 3-1　单机数据库执行语句过程图

单机数据库接收到一条语句后，需要进行语法分析、权限检查，生成执行计划，从数据页中检索满足条件的数据，再进行必要的计算，这里的计算可能是连接、排序、分组、聚合等一系列非常复杂的动作。

在典型的分布式数据库系统中，和单机数据库相比，多了一层全局概念模式到本地概念模式的映射，表数据也被水平或者垂直切分到多个数据节点。因此在分布式数据库系统环境下，还需要考虑语句如何分拆、在分片之间数据如何移动、结果如何计算与合并的问题。虽然网络已经得到了很大的发展，但是和CPU、内存等比较，网络通信开销仍然不可忽视。因此，在分布式数据库系统中，最大限度地使数据操作本地化、局部化，减少网络通信的交互次数和交换的数据量，提升数据节点的并行计算能力，是分布式数据库优化器的重要发展方向之一。

另外，在分布式数据库系统中，数据全局一致性机制相较于单机数据库需要更为复杂的控制。因此，如何降低保证数据全局一致性的开销，也是分布式数据库系统查询优化努力的方向。

最后，分布式数据库系统在计算节点进行计算，其过程和单机数据库系统非常类似。因此，单机数据库的优化手段或者其变形，在分布式数据库系统中也得到了广泛的应用。特别地，如果实现异构分布式数据库系统（数据节点的数据库系统引擎不同），将很难在全局层面进行查询优化，从而迫使存储节点承担更多的优化工作，在全局层面仅做少量的启发式优化。

下面的小节将重点从优化器基础、基于规则的优化和基于成本的优化三个方面，介绍在分布式数据库系统环境下优化器的工作原理以及工作方式。优化器基础部分提及的诸如查询重写、连接方式、数据移动等技术，可视为优化器工作的基础设施，在基于规则的优化和基于成本的优化中都会用到。

1. 原理

SQL语句是典型的声明式语言（declarative programming）而非命令式语言（imperative programming）。换言之，SQL语句只描述计算的逻辑，而没有给出具体的计算方法和控制流程。执行一条SQL语句可以有多种不同的路径和方法，且执行效率千差万别。优化器的主要工作就是从中选出最优的执行路径和方法。

从总体上看，数据库优化器的工作有两种模式：基于规则的优化和基于成本的优化。两者最大的区别在于基于成本的优化会淡化规则，依据成本模型测算部分或者全部候选执行计划的开销，从中选择开销最小的一个；而基于规则的优化通常是依据先验性、常识性的知识，选择一个"够用的"执行计划，而不关心此执行计划的具体开销以及是否有更小开销的执行计划。在基于成本优化的表述中使用"淡化"字样，是因为如果穷举所有可能的执行路径，其优化选择的计算开销会变得不可接受，从而迫使优化器选择一些先验的规则以排除不可能的执行路径。比如，存在分片键的访问，则不必要访问其他分片；同时有索引和主键的限定，则不必使用索引访问。在基于规则的优化的描述中使用"先验性、常识性"的表述，是因为该规则并不必然是最优的选择。比如，在大多数情况下通过索引访问优于全表扫描。但在某些条件下，全表扫描反而更快。

无论是基于规则的优化还是基于成本的优化，查询重写都是重要的手段。重写体现在语法树层面和执行树层面的变换。有些变换和具体操作的数据无关，比如缩减投影列、死代码消除等，这部分变换称为逻辑优化；而和具体操作的数据相关的变换，比如执行树上的选择下推、排序下推等，称为物理优化。

基于成本的优化，其最大的难点在于准确估算候选执行计划的开销。其核心问题有两个：成本模型的准确性和基数估算的准确性，而基数估算依赖于选择率的估计。依据成本模型计算出的开销和实际执行开销的拟合程度，是评价该成本模型优劣的主要指标。而选择率的计算主要依据 NDV（number of distinct values）、直方图（histogram）以及选择率计算组合公式。在选择率的估计中有两个关键问题：①构造的直方图准确描述列值倾斜分布的能力；②具有相关关系的字段组合的选择率如何准确估计。

在确定物理上如何访问数据时，优化器主要依据表统计信息、索引统计信息以及估算的基数来确定。表统计信息有记录数（又称基数，cardinality）、块数、平均行大小等；索引统计信息有索引簇化率、索引页块数等。这些信息和直方图信息构成了优化器工作所必需的统计信息。在分布式数据库系统环境下，还需要依据表的分片信息进行分片剪枝。

如果是多表连接或者关联查询等操作，优化器还需要确定表的连接次序。不同的连接次序对性能的影响很大。优化器会按照最小生成策略确定连接次序，这有助于减少中间过程中产生的计算量。另外，对于确定连接次序的两表连接而言，具体的连接方式对执行效率也有巨大的影响。连接方式通常有嵌套循环连接、散列连接、合并连接等。优化器主要依据数据量、是否存在适当的索引、工作区内存大小等因素确定合理的连接方式。在分布式数据库系统环境下，还需要评估网络通信的数据量。

总而言之，优化器在构造 SQL 语句候选执行计划时，可以自由选择执行的步骤和流程，只需要保证执行结果完全符合 SQL 语句描述的逻辑即可。优化器采用语句重写、组合连接次序、选择连接方式等手段，在一定范围内评估多种可能的候选执行计划的开销，得到其认为的最优执行计划。开销通常以预计执行时间来度量。

然而，优化器的工作方式仍然具有一定的局限性。优化器是以当前系统负载下本次执行最优为目标，而非系统整体最优为目标。其问题的根源在于如下事实：①执行时长和系统资源开销通常是矛盾的，而系统资源总是有限的；②一旦确定了执行计划，执行器就不会随着系统整体开销的变化而动态调整。

2. 目标

一般而言，数据库系统响应用户输入通常有两种策略。第一种是最快完成策略，该策略意味着系统将尽最大努力保证尽快完成本次请求的全部计算，并返回全部结果；第二种是最快响应策略，该策略意味着系统将尽最大努力保证尽快返回用户结果，但不保证返回用户的全部结果也是最快的。通常来说，最快响应策略虽然能让用户很快得到部分结果，但是得到全部结果通常比最快完成策略耗时更多。

在批处理环境中，最快完成策略可能更令用户满意；而在交互式的操作环境中，用户可能更容易接受最快响应策略。就系统内部而言，当选择了最快响应策略，一般来说会倾向于规避使用散列连接和合并连接。

这两种策略代表了两种典型的适用场景。在现代数据库系统中，这两种策略通常都提供。当提及基于成本（或者代价）的优化时，一般指最快完成策略而不是最快响应策略下的成本。

3.2 优化器基础

本节将重点介绍查询重写、连接方式、数据移动、并行执行、全局数据版本下推机制、执行计划缓存、索引簇化率的影响。在基于规则的优化和基于成本的优化中，都会用到这些技术。

1. 查询重写

SQL 语句是声明式语言，优化器只需保证所做的变换和原语句等价，不影响执行结果即可。因此，优化器在工作期间会应用很多种查询重写的手段提升查询性能。

分布式 SQL 语句重写大致分为如下四类：

（1）分布式环境下语句的拆分重写，将一条用户语句依据内部的数据分片信息和约束，改写语句，使其适合分布式环境的运行需要。

（2）去掉不影响语句执行的计算，如无效的 order by、distinct、group by 等。

（3）降低查询深度的变换，将逻辑上作为当前查询的下一层查询，合并到本查询，如视图合并和子查询重写。

（4）逻辑上做的其他等价变化，如将右连接改为左连接、关系操作中值和列的次序交换（例如：value = col 变为 col = value）。

显然，第一类重写的主要目的是在正确访问到数据的前提下，提升分布式环境下数据访问性能；第二类重写的主要目的是减少执行器的工作量；第三类重写的主要目的是使优化器尝试更多的执行路径，在全局层面进一步优化；第四类重写的主要目的是规范优化器的优化过程，降低优化器的实现复杂度和工作复杂度。

在本章后续基于规则的优化中，几乎都用到或体现了查询重写技术。

2. 连接方式

这里主要介绍最常用的嵌套循环连接、合并连接和散列连接。围绕业务场景进行描述，希望有助于读者理解这些连接方式之间的区别和适用场景。

（1）嵌套循环连接（best loop join，NLJ）是常用的连接方式。假设表 T1 和 T2 连接，对于 T1 中符合条件的每条记录，在 T2 表中进行连接条件匹配。在此表述中，T1 称为驱动表（driving-table）或者内表（inner-table），而 T2 称为被驱动表（driven-table）或者外表（outer-table）。

优化器优先考虑嵌套循环的场景有如下两种。

场景一：

1）驱动表在逻辑上数据集很小。

2）按照连接条件匹配被驱动表记录的成本很低。

说明：条件 1）并不是指驱动表的基数小，而是满足适当过滤条件的数据集很小；条件 2）要求在被驱动表基数很大时，存在适当的访问路径，能快速执行记录匹配。通常需要在连接条件上存在索引，且该字段的 NDV/Cardinality 较高，换言之，选择率（selectivity）很低。举例如下：

```
select …… from ACCT A JOIN CUST C
on A.custNo = c.custNo
where A.acctNo = 'acctNo'
```

在本例中，ACCT 是账户表，acctNo 是其主键；CUST 是客户表，custNo 是其主键。由于 ACCT 存在过滤条件 acctNo = 'acctNo'，只有一条记录，因此在 NLJ 中，它将作为驱动表；通过 ACCT 表中的客户号 custNo 在主键上定位 CUST 表记录的开销很小，满足 CUST 表作为被驱动表的条件。

场景二：

1）优化目标选择最快响应策略。

2）按照连接条件匹配被驱动表记录的成本很低。

说明：在条件1）下，不再需要驱动表的数据集小这个限制。举例如下：

```
select …… from ACCT A JOIN CUST C
on A.custNo = c.custNo
```

在本例中，ACCT 表去掉了过滤条件 acctNo = 'acctNo'。此时，如果把优化目标选择为最快响应策略，则优先的执行逻辑为：从 ACCT 表中读取一条记录，通过其 custNo 字段在 CUST 表主键上匹配一条记录，执行输出。

需要注意的是，在 NLJ 中，驱动表和被驱动表的选择非常重要，一旦选择错误，通常会变成一个非常糟糕的执行计划。

（2）合并连接（sort merge join）来源于合并排序算法，意为在连接字段上有序的两个数据集，使用类似合并排序的算法完成连接的过程。

优化器会在如下场景之一中优先考虑合并连接：

1）使用偏序连接，如大于、大于或等于、小于。

2）两个表或者数据集有序，或者排序成本较低。

举例说明如下：

```
select
    custNo, T1.bal, T2.bal
from (
    select custNo, SUM(bal) as bal
    from sa
    group by custNo
) as T1 join (
    select custNo, SUM(bal) as bal
    from td
    group by custNo
```

```
) as T2
on T1.custNo = T2.custNo
```

假定活期账户表 sa 和定期账户表 td 的数据量都很大，现要查询既有活期账户又有定期账户的客户名下的活期和定期的余额总数。

步骤一：按 custNo 汇总 sa 的余额，因为 custNo 列的 NDV 很大，优化器通常使用基于排序（sort group by）实现[⊖]。

步骤二：按照 custNo 汇总 td 的余额，其过程和第一步类似。

步骤三：由于前两个步骤的数据集已经按照连接字段 custNo 有序，因此符合"数据集有序或者排序成本较低"的特征，故优化器在该步骤执行时会优先选择合并连接。

需要注意的是，在合并连接的排序阶段，如果待排序记录很多，也会造成排序溢出。和散列溢出（见下面"散列连接"部分）一样，排序溢出也会对排序性能造成较大伤害。

在分布式数据库系统中，计算节点在进行两个数据集的连接操作时会大量使用合并连接。其主要原因之一是数据集排序的动作可以在数据节点上并行完成，能充分利用各数据节点的计算能力，再配合条件繁殖、多步骤执行等手段（具体见后续章节），尽力避免将大量结果集上提到计算节点，在保障性能的同时又能简化系统的实现。

（3）散列连接（hash join，HJ）是常用的连接方式。其执行逻辑大体如下：

1）表 T1 和 T2 连接，对于满足条件的 T1 表的每条记录，使用确定性的散列函数计算 T1 表连接字段的散列值，将该行记录涉及的字段（包括连接字段）放入由该散列值确定的散列桶内。

2）然后遍历 T2 满足条件的记录，使用同样的散列函数计算 T2 表连接字段得到散列值，在同一个散列桶内执行匹配。匹配成功的记录，即完成了一次连接。

在此表述中，T1 称为构建表（build-table），而 T2 称为探测表（probe-table）。

优化器优先考虑散列连接的场景如下：

1）T1 和 T2 是等值连接。

2）相对系统可用于散列连接的内存来说，T1 表可以装入。

3）T1 和 T2 无适当索引，或者通过索引访问的开销较大。

当满足如上条件时，通常优化器会考虑使用 HJ 方式。

HJ 方式尤其适合决策支持系统（DSS）和数据仓库（DW）中事实表和维表关

[⊖] 如果 NDV 较小，则该步骤可进一步优化为基于散列（hash group by）实现。

联的场景。这种关联通常具备如下特性：

1）事实表和维表等值连接。

2）事实表的记录数很多。

3）维表的记录很少。

4）事实表的关联字段唯一确定维表的一条记录。

这里，维表作为构建表，事实表作为探测表。遍历一次维表和事实表即可完成连接。

仅从"小表连接大表"记录数方面看，有点像 NLJ 场景。但两者全然不同。NLJ 通常是驱动表（小表）的一条记录，在被驱动表（大表）的索引或主键上确定一条或几条记录；而 HJ 通常是探测表（大表）的一条记录，在构建表（小表）上确定一条记录。此外，在 NLJ 场景下连接后的结果集，通常和小表的记录数相当；而在 HJ 场景下连接后的结果集，通常和大表的记录数相当。

举例说明如下：

账户表和汇率表连接，汇率表中维护着当前某币别对本币的最新汇率，要查询所有账户按当前汇率折算本币的余额是多少。

```
select A.acctNo, A.bal * C.rate
from ACCT A JOIN CURR C on A.currId = c.currId
```

假定 CURR 表的记录数为 10，ACCT 表的记录数为 1 亿。

如果以 NLJ 来执行该查询：

方法一，遍历 ACCT 表的每条记录，以 currId 匹配 CURR 的一条记录，然后再计算，需要循环的次数为 ACCT 的记录数。

方法二，遍历 CURR 的每条记录，以 currId 匹配 ACCT 的若干记录，然后再计算，需要循环的次数为 CURR 的记录数。

显然：

在方法一中，虽然每次循环连接一条记录的开销很小，但是循环次数过多（1亿次）。

在方法二中，虽然循环次数只有 10 次，但是每次循环的开销太大（currId 查询 ACCT 表的过程，通常是一次全表扫描），且随着币别种类的增加，方法二的开销会显著上升。

如果换成 HJ 方式，以 CURR 表作为构建表，ACCT 表作为探测表，则 CURR 和 ACCT 各全表顺序遍列一次即可完成匹配。相较于 ACCT 的全表扫描，CURR

的全表扫描代价可忽略不计，整个连接的开销和全表扫描一遍 ACCT 的开销基本相当。很容易想象这是执行开销最小的连接方式。

影响散列连接性能的重要因素有以下两个：

1）散列冲突程度。

2）用于构建散列连接的内存大小。

如果散列冲突很严重，导致系统内部各散列桶数据极端不平衡，散列探测退化为顺序比较，则会严重降低散列连接的性能。散列冲突通常以"散列槽占用数/构建表的记录数"来衡量，取值范围为 0～1，值越大表明散列冲突越小。鉴于该值对于散列连接的重要性，数据库系统的性能诊断模块应当提供此信息，以便确定出现性能问题的原因。

如果用于构建散列连接的内存太小，会导致散列溢出。散列溢出后会反复读写磁盘，也会严重降低散列连接的性能。因此，不发生散列溢出的散列连接又叫完美散列连接（optimal hash join）。

（4）优雅散列连接。在散列连接部分提到，用于构建散列连接的内存不足时，会导致散列溢出。解决这个问题方法是使用优雅散列连接（grace hash join）算法。优雅散列连接和经典散列连接一样，也分为构建表和探测表。优雅散列连接又叫分区散列连接（partitioned hash join）。

优雅散列连接的步骤如下（见图 3-2）：

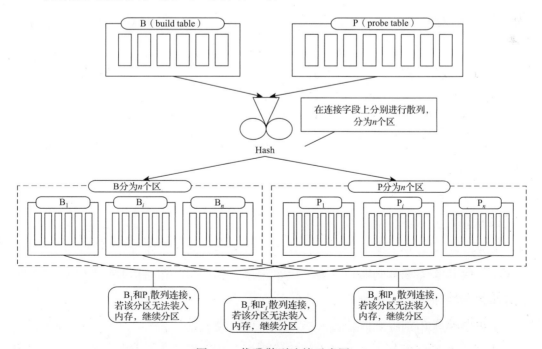

图 3-2　优雅散列连接示意图

1）选定构建表（B）和探测表（P）。

2）依据当前系统内存，选择散列函数，在 B 和 P 的连接字段上分别进行散列，将 B 和 P 各分为 n 个区并写入磁盘，记为 B_i 和 P_i（i 从 1 至 n）。

3）将 B_i 作为构建表装入散列桶，P_i 作为探测表进行连接。

4）重复步骤 3，依次处理各 B_i 和 P_i，直到全部完成。

步骤 2 对数据进行分区，使得构建表的每个分区 B_i 在步骤 3 中都可以装入内存，则此过程称为一趟散列连接；如果在步骤 3 中，某个 B_i 依然无法装入内存，则可以再次使用该算法对 B_i 和 P_i 继续分区，此过程称为多趟散列连接。

在分布式数据库系统中，需要尽力避免在计算节点完成优雅散列连接。这意味着需要在数据节点和计算节点间传输大量的数据，且需要消耗大量计算节点的 CPU 和 I/O 资源。

3. 数据移动

数据移动又可以理解为分片之间表的连接方式。其主要方式有三种：数据广播、数据洗牌（shuffle）和基于半连接的数据移动，分别适用不同的场景。

（1）数据广播。考虑如下场景：账户主表中有币别字段和余额字段，另有一币别牌价信息表，该表存放了某币别对人民币的实时牌价信息。假定账户主表依据账号进行哈希分片，币别牌价信息表是单节点表或者按照币别字段分片。查询时按照币别字段两表关联。如何查询账户主表中折合人民币的余额大于一定数值的记录？

有如下几种可能的做法：

1）把牌价信息记录和账户主表记录都提到计算节点上，由计算节点进行连接并计算。

2）使用数据洗牌（见下文）移动账户主表记录，使其和币别牌价信息表保持同样的分片策略，再执行分片内关联。

3）将币别牌价信息表的记录广播至账户主表的全部分片。

显然：

方法 1 通信的开销很大，且无法有效地利用多数据节点并行计算的能力。

方法 2 由于需要移动账户主表的大量记录，因此 I/O 和通信开销很大，并且账户主表按照币别洗牌，会导致分片之间数据不均。

方法 3 由于币别牌价信息表很小，因此开销最小。

在分布式数据库系统中，对于分片策略不一致的事实表和维表关联，广泛采用数据广播的策略。在该策略下，小表的数据被广播到除自己外的语句涉及的全部数据节点，再并行地在每个数据节点内部执行关联，最后由计算节点汇总结果。另外，广播的数据不是全部字段，而是摘取 SQL 语句所涉及的字段，尽力减少通信的数据量。

（2）数据洗牌。考虑如下场景：客户账户表和账户交易明细表关联，前者记录了账户和客户的对应关系，后者记录了账户的每笔交易。如何查询在某一时段内，累计交易金额或者累计交易次数超过一定数值的客户？

很显然，客户账户表和账户交易明细表记录数都很大。假定如下：客户账户表按照客户号进行哈希分片，账户交易明细表按照账号进行哈希分片。

在本场景中，无论哪张表进行数据广播都不合适，尤其是在分片数较大的情况下（分片数越大意味着无效广播的数据量越大）。一个优化的执行方法是，账户交易明细表和客户账户表按照其连接条件（账号）重新分片，从而可以在分片内完成连接过程。在分布式数据库系统环境下，这种执行方式和 MapReduce 非常类似：

1）在等值连接字段上，各数据节点并行地对两个表分别进行洗牌。

2）若某个表的连接字段已经是分片字段，则本次洗牌规则会沿用此分片的规则，并跳过本表的洗牌。

3）若两表都需要洗牌，则默认使用哈希方式。

使用默认的哈希方式分片是一种简单实用的策略。数据以何种方式洗牌（哈希、范围、列表），一个更合理的模型应该是依据该等值连接的两表字段的直方图信息来确定。如果数据倾斜较大，可以由优化器构造范围或者列表的方式进行数据洗牌，尽量使数据均匀地分散到各数据节点。

在单机数据库下两个没有索引字段的大表进行连接，通常会采用哈希方式进行连接，其实现原理基本类似。而在分布式数据库系统下，用哈希方式洗牌后的两表数据，在每个数据节点内部并发执行连接时，同样也可能会再次使用哈希方式进行连接。而整个分布式数据库系统的连接过程就类似于哈希的实现。这也是计算机领域中"分而治之"策略的又一范例。

（3）基于半连接的数据移动。无论是数据广播还是数据洗牌，都无法避免的一个问题是，如果两个大表关联，但是能够有效连接的记录很少，这将会导致大量无效数据的移动，从而极大地影响跨分片表的连接性能。

在这种场景下，基于半连接的数据移动策略将会受益。半连接相当于执行一遍筛选，选出能够关联的记录，仅移动这一部分数据，从而避免大量无效数据的移动。为说明简单起见，考虑 A 表和 B 表连接，其中 A 表在数据节点 1 上，B 表在数据节点 2 上。基于半连接的数据移动策略大体如下：

1）选择 A 表、B 表中记录数较少（施加选择过滤后的记录，而非基数）的一个表，假定为 A 表。

2）选取 A 表中用于关联 B 表的连接字段，记为 A1，发送至 B 表所在数据节点 2。

3）在数据节点 2 上执行 B 和 A1 的半连接，并在 B 表上选取 SQL 语句所需字段，得到 B1。

4）将 B1 发送至节点 1，和 A 进行最终连接，得到结果。

可以看到，问题的关键在于：

1）在步骤 2 中，只发送了执行半连接判定所需的最少字段，从而减少网络通信的数据量。

2）在步骤 3 中，半连接得到的记录数很少，从而使步骤 1 和整个半连接的策略有意义。

注意：此场景需要优化器具有较为准确的估计选择率（包括连接选择率）。关于统计信息和选择率的相关知识，可以参考"基于成本的优化"小节。

4. 并行执行

单机数据库的并行执行是指引擎在单一 SQL 语句内部，通过多进程或者多线程的方式并行执行。通过引入并发执行的机制，在大型表上的某些计算（如连接和统计），相较单一任务方式的执行性能有极大的提升。语句内并行执行常见于 DSS 和 DW 系统。

然而这种执行方式也有一定的限制：

（1）只有系统资源（CPU、内存、I/O 能力）足够，这种策略才能带来性能的提升。

（2）在数据库本身就是多任务系统的情形下，不加限制地使用并行执行，对系统整体性能会造成伤害。

（3）并行执行并不适合 OLTP 的语句执行，绝大多数的 OLTP 操作非常短暂，使用并发执行机制引发的内部锁和切换机制，反而会降低系统性能。

但是在分布式数据库系统中，情况又有所不同。由于数据"天然"地分布于多个数据节点，并行执行充分利用了多个数据节点的独立的 CPU、I/O 能力，因此通常有利于系统性能的提升。在分布式数据库系统中，并行执行机制又分为以下两层：

（1）分布式数据库系统在对一条语句分析之后，内部构建执行序列，对于没有依赖关系的操作，可以并行执行。

（2）一个操作如果涉及多个数据节点，那么多个数据节点间可以并行执行。

举例如下：

```
select …… from tbl_a where dist_col in (...)
union all
select …… from tbl_b where dist_col in (...)
```

此处从 tbl_a 和 tbl_b 中查询数据，是两个不相关的操作，可以并行执行。假定经过分析分片字段 dist_col，从 tbl_a 中提取记录的范围为数据节点 1 和数据节点 3，那么执行从 tbl_a 中读取记录的操作就可以在数据节点 1 和数据节点 3 上同时进行。

在并行执行下，成本的估算一般采用并行因子加以修正。该因子的取值根据系统实测确定，不同系统的实现，其并行因子也不同。并行因子越接近 1，表明并行控制实现得越好，性能损失越少。

5. 全局数据版本下推机制

在存储节点没有实现分布式 MVCC 机制的分布式数据库中，对于数据的判断通常使用全局数据状态 / 版本标签，采用 Try and Error 的机制，用以判断待访问的数据是否处于正确的状态。由此带来的结果是计算节点和存储节点频繁地交互数据。而在典型的交易系统中，基于主键读取 / 更新记录通常是最常见的场景。对中信银行的某交易系统语句进行统计，在主键 / 唯一索引上更新、删除语句的占全部 DML 操作发生数的 95% 以上。在此场景下，如果将待访问的数据和其标签一并下推到存储节点，在访问数据时即判定数据状态的正确性，将会减少一次计算节点和数据节点的交互，从而提升分布式数据库的性能。

在分布式数据库系统中，为了防止分布式事务下"丢失更新"（lost update）的问题，执行更新前需要检查目标数据的分布式事务一致性。如果依次执行记录锁定和数据分布式一致性检查，计算节点需要和数据节点交互两次。检查分布式一致性必须依赖于全局事务，在全局事务号作为数据版本的分布式数据库系统实现中，执行记录锁定和数据分布式一致性检查两个操作可以应用全局数据版本下推机制实现。通过只匹配数据版本不属于当前全局事务活跃列表，且该数据版本小于当前最大全局事务号的记录，执行该记录的修改操作或者删除操作。保证该数据的全局事务一致性。在这种策略下，省去了一次锁定和一次交互，从而提升整个系统的性能。

全局数据版本下推机制存在冲突误判（false positive）的可能。在这种情形下，冲突误判后可由分布式数据库系统内部或者应用端发起重试。显然，冲突误判发生的频率越高，该机制的效率越低。所幸在银行业领域内，大部分并发的 OLTP 操作的操作目标数据很少冲突。一个可能的改进是，在分布式数据库系统内部允许在表级别或者语句级别进行设置，提示后续该表操作或者本语句操作是否采用全局数据版本下推机制。这可在一定程度上规避或削弱高误判情形下全局数据版本下推机制的不足。

6. 执行计划缓存

在数据库系统中，生成执行计划的开销很大，是典型的 CPU 密集型活动。在执行计划生成过程中，需要对数据的访问路径、连接方式、连接次序等做出评估，从而在多个可能的执行路径上，选择一个开销最小的执行方式。

在分布式数据库系统中，情况有所不同。其执行计划主要体现在以下两个方面：

（1）如何构造执行序列，并确定执行的数据节点。

（2）从数据节点获取到相应数据后，需要在作为协调节点的计算节点上做进一步计算（连接、排序、聚合、表达式计算等）的情形下，应当以何种方式进行计算。

其中第一个方面为分布式数据库所特有，故此处重点描述前者。在分布式数据库系统中，计算节点接收到 SQL 语句后，经过语法分析得到语法树，从语法树构造执行序列需要经过大量的计算。主要是考虑语句合并（能在同一数据节点上执行）、语句分拆（不能在同一数据节点上执行）、确定每个执行所涉及的数据节点（分片剪枝）。此动作对于单个操作耗时极短的 OLTP 类型系统来说开销并不小。

考虑到如下事实：对于一个线上运行的应用系统来说，大部分语句使用不同的参数值重复多次执行，对于热点语句来说尤其如此。而访问的表和连接方式都是确定的，所不同的仅仅是访问数据节点的差异。因此，我们总可以构造一个执行序列，在不能确定是否合并或者是否分拆的操作上，均以不能合并的方式构造，从而略去对确定部分的分析和构造。在执行时，以具体的参数值代入后，计算其涉及的数据节点，并对执行序列进行合并分析。

7. 索引簇化率的影响

索引簇化率（Cluster Ratio）是衡量索引和数据之间混乱程度的度量。这里混乱的定义为：顺序遍历索引，通过行标识访问记录所属数据块跳转的次数。显然，跳转次数越多，表明索引和数据间混乱的程度越高。

跳转的定义为：顺序遍历索引，通过行标识访问记录所属的数据块，如果连续两次访问，其数据块发生了变化，则记为 1 次跳转，如图 3-3 所示。

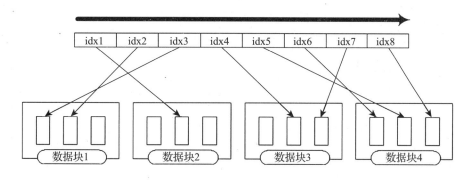

图 3-3　索引簇化率示意图

这里 idx2 和 idx1 访问的数据块发生了变化，跳转记为 1；同样，idx4、idx5、idx7、idx8 都发生了跳转。总跳转次数为 5。

簇化率的定义为：1- 跳转次数 ÷ 访问数据块次数。

在本例中，簇化率为 1-5/8 = 0.375。显然，簇化率越高，表示数据越有序，通过命中缓存的机制，可以有效地降低 I/O 的次数，同时降低随机读的概率。

相反，如果簇化率低，就意味着通过索引访问，会产生大量的随机读取。而随机读取是影响数据库性能的重要因素之一。因此，在优化器决定是否使用索引访问时，簇化率的高低是很有影响力的依据之一。

3.3　基于规则的优化

1. 分片剪枝

数据库中的分区剪枝（partition pruning），是指对于携带分区列访问的语句，优化器会依据分区列的值按照分区规则进行计算，从而确定需要访问的数据分区，而不必访问全部分区的优化技术。

分布式数据库系统中的分片剪枝与分区剪枝的原理类似。分片剪枝是指对于带分片键的访问语句，优化器依据分片键的值确定需要访问的分片。优化器会尽力推断本次操作涉及的分片，如果无法推断，则会操作全部分片。

下面举例大致说明其工作原理和计算过程，例：

```
select …… from T
where (col = 2 OR col = 3) AND (colx > 100 AND col not in (2, 4))
```

假定：

（1）T 共有 1、2、3、4、5 五个分片。

（2）col 是分片键，取值范围为 1、2、3、4、5，col 为 n 的记录放入第 n 个分片。

（3）colx 不是分片键。

计算原理大致如下（见图 3-4）：

（1）NOT 逻辑运算展开后推入叶节点。

（2）逻辑计算只能出现 AND 和 OR。

（3）非分片键的计算结果为全部分片。

（4）分片键依据谓词限定确定其分片。

（5）AND 运算则对分片求交集，OR 运算则对分片求并集。

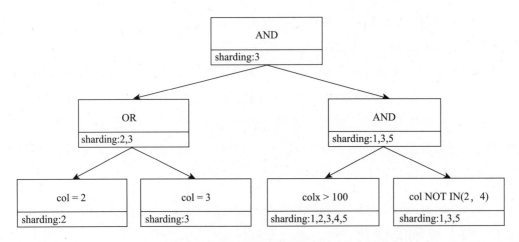

图 3-4 分片剪枝计算过程示意图

最终的结果 sharding 3 即为整条语句涉及的分片。注意：若 col 没有取值范围限制，则 NOT 逻辑运算结果须直接确定为全部分片。

数据库系统的分区剪枝，由于需要处理辅助分区（subpartition），因此使用区间图（interval graph）辅以更复杂的数据结构实现。在分布式数据库系统中，如果引入多维分片和子分片，则相应地需要使用更复杂的技术。

需要强调的是，该技术对分布式数据库具有极端重要的意义。如果不能做到分片剪枝，则分布式数据库系统将无法横向扩展，且随着节点数的增加，性能逐步下降，从而失去作为分布式系统的意义。

2. 多步骤执行

多步骤执行（Multi-Step Query，MSQ）是分布式数据库系统执行语句的一种优化机制。在分布式数据库系统下的多表关联往往存在如下场景：

（1）一个小表和一个或者多个大表关联；或者大表之间关联，但是大表通过谓词限定后满足要求的记录很少。

（2）这些表的分片条件不同。换言之，无法通过语句合并下发执行，必须在计算节点上进行相应的计算。

显然，如果小表的谓词限定字段和连接字段相同，则可以通过条件繁殖，在大表上进行同样的限定。这样可以缩减从大表提取数据的范围。但如果此条件不成立。则必须分步骤执行此查询。例如：

```
select …… from ACCT AS A join CUST AS C on A.custNo = C.custNo
where A.balance > 100000 and A.instNo = '0001'
```

假定 ACCT 和 CUST 的记录数上亿，CUST 的主键是 custNo，ACCT 表中开户机构是 0001 且余额大于 10 万元的记录很少。

执行步骤如下：

（1）计算节点分析读取 ACCT 表满足限定的记录涉及哪些数据节点。
（2）计算节点从相应的数据节点上读取满足条件的记录。
（3）计算节点构造常量表和 CUST 进行关联。
（4）计算节点分析 CUST 表涉及哪些数据节点。
（5）计算节点使用步骤 3 构造的语句在相应的数据节点上执行，得到满足条件的记录。

从这个例子可以看出，在计算节点缺少准确统计信息的情况下，如果没有多步骤执行机制，计算节点需要分别从两个表中读取记录，然后再进行全表记录的关联。执行的开销会很大，对计算节点会构成巨大的压力。

3. 数据节点提示

以下用 storageDB 描述。在分布式数据库系统环境下，正常执行的流程是对语句的连接条件和限定条件进行分析，从而决定操作数据的去向。这一操作是比较耗时的，如果代码的编写者能确定操作的范围，就可以跳过这部分分析，从而提升分布式数据库系统的处理性能。

例如，日终批量程序在很多时候被设计成并行执行的任务，执行的单位是分支机构。这在业务逻辑上就确定了每个执行单元的处理数据范围。如果操作的数据也是按照分支机构进行的分片划分，那么每个执行单元处理的数据被正交划分，且不会重复。在这种场景下，就可以指定 storageDB 执行。分布式数据库系统在接收到包含 storageDB 提示的请求后，自动跳过操作去向分析，直接操作 storageDB 指定的数据节点数据。

但是在实际应用中，storageDB 也有以下两个缺陷：

（1）数据重分布对 storageDB 不透明。分布式数据库系统在进行数据重分布后，不可避免地会破坏原有数据分片的规则，从而需要调整程序中的 storageDB 提示。给已经在线上运行的程序带来维护上的困难。

（2）伤害分片规则限制下数据的正确性。由于 storageDB 跳过了分片规则限制，强制操作数据节点数据，相当于绕过了数据的正确性检验。因此，在分布式数据库系统中，对于删除（delete）、更新（update）应当谨慎使用 storageDB 提示；使用该功能，程序应当收到告警信息。

4. 合并下压

在分布式数据库系统中，很重要的优化努力的方向之一就是尽量利用数据节点的计算能力进行计算，避免不必要的从数据节点向计算节点的数据移动，并减少和数据节点交互的次数。在此原则下，计算节点分析语句后，应当尽量把能一起执行的语句下发到数据节点。举例来说：

```
select ……
from T
where col in (
    select col
    from T_A a join T_B b
    on a.colx = b.colx
    where ……
)
```

（1）假定 T、T_A、T_B 的分片方式都不一样，那么整条语句无法一次执行完成。其执行至少分为三个步骤，首先读取 T_A，再读取 T_B 后进行连接，最后读取 table 后进行 in 计算得到结果。

（2）假定 T 的分片方式为 HASH，而 T_A 和 T_B 的分片方式为单节点表且位于同一个节点，则整条语句会分两个步骤执行。第一次执行子查询，然后读取 T 后进行 in 计算得到结果。

（3）假定 T、T_A、T_B 都是单节点表且位于同一个节点，则整条语句不会被拆分为多个步骤执行，而是一次在目标数据节点上执行完成。

然而值得注意的是，在分布式数据库系统中，由于网络通信开销的存在，这种策略在某些情况下并非最优。举例说明如下：比如在生成属性矩阵的时候，就会用到笛卡尔连接。假定有场景如下，销售明细表中有三个字段，即产品类别、销售地区、销售年月。现在要按照产品类别、销售地区、销售年月三个维度，统计 2001 年年初到 2010 年年底的销售情况，如果这三个维度组合没有销售发生，则该项填 0。

在此场景下，就需要对产品类别、销售地区、2001 年年初到 2010 年年底各月份生成属性矩阵。假定产品类别和销售地区都是 1000 个，年月维度经过条件限定后有 120 个。整个统计结果为 1.2 亿条记录。如果在数据节点生成该属性矩阵，则会对网络造成巨大的压力。考虑到如下事实：生成属性矩阵的计算量是一定的，但是在计算节点生成和数据节点生成两种情况下，网络通信的数据量极其悬殊。因此，在连接可能产生数据爆炸的情况下，即便连接语句可以直接下压，也不应当如此处理。

5. AVG 优化

在分布式数据库系统环境下，由于 AVG 和 SUM、COUNT 不一样，后者是可累计的度量——可对每个数据节点的 SUM 和 COUNT 进行累加，结果就是语句所要求的 SUM、COUNT 值。如果把数据节点的计算明细全部提到计算节点，由计算节点完成全部的 AVG 计算，网络通信的开销会很大，且无法利用数据节点的并发计算能力。

在分布式数据库系统中，AVG 被自动重写成 SUM 和 COUNT 两个计算，在每个数据节点上，只返回本数据节点的 SUM、COUNT；在计算节点层面，再次对各数据节点返回的 SUM、COUNT 进行累计，然后用 SUM/COUNT 计算得到 AVG 的最终结果。

6. where 条件下推

在单机数据库中，where 条件下推一般有以下两种情况：

（1）在插件式存储引擎的数据库实现中（如 MySQL/MariaDB），条件下推能减少存储引擎和内核的数据交互。

（2）将 where 条件尽量下推至基表，减少数据计算的范围。后者比如：

```
select …… from (
    select …… from T1
    union
    select …… from T2
)
where col = 'value'
```

这里，"col = 'value'" 会被推入基表 T1 和 T2 中，将语句重写为：

```
select …… from (
    select …… from T1
    where col = 'value'
    union
    select …… from T2
    where col = 'value'
)
```

在分布式数据库系统实现中，为了尽量减少数据节点向计算节点移动的数据量，系统被设计为尽可能地将 where 条件下推至数据节点。举例说明如下：

```
select …… from T1 join T2 on ……
where T1.col = 'value' and T2.col = 'value'
```

假定 T1 和 T2 分属不同节点，需要计算节点完成 join，则计算节点处理如下：

```
select …… from T1 where T1.col = 'value'    (S1)
select …… from T2 where T2.col = 'value'    (S2)
```

通过等值传递和条件繁殖等手段，将进一步加强 where 条件的下推。

7. 条件繁殖

条件繁殖是指优化器对已知条件进行推断，从而衍生出其他条件对 SQL 语句进行限制，缩小数据检索的范围。繁殖后的条件，或推入基表，或下压至数据节点执行。

举例说明如下：

```
select …… from (
    select …… from T1 join T2 on ……
) as T join T3 on ……
where T.t1col > 100 and T3.col > T.t1col
```

优化器会识别出本例中的条件传递从而推断出 T3.col > 100，并将该条件推入基表。语句被重写为（仅为示意）：

```
select …… from (
    select …… from {T1 where t1col > 100} join T2 on ……
) as T join {T3 where col > 100} on ……
where T3.col > T.t1col
```

在分布式环境下，条件繁殖的首要目的是尽量减少数据节点到计算节点移动的数据量。繁殖后的条件的使用，见"where 条件下推"部分。

在进行条件繁殖时，其已知条件来源还可以是约束。如某字段 colx 存在约束，取值范围为 1，2，3。如果存在条件"col>colx"，则优化器应当能推断出"col>1"。

8. distinct 下推

在分布式数据库系统环境下，不能合并下发的 SQL 语句如果含有 distinct，则计算节点在拆分语句时，会考虑将 distinct 下推至数据节点执行，以减少从数据节点提取到计算节点的数据量。

举例说明如下：

```
select distinct …… from T1 join T2 on …… where ……
```

假定 T1 和 T2 分属不同数据节点，则计算节点分拆语句如下：

```
select distinct …… from T1 where ……      (S1)
select distinct …… from T2 where ……      (S2)
```

再如：

```
select …… from T1 union select …… from T2
```

假定 T1 和 T2 分属不同数据节点，则计算节点分拆语句如下：

```
select distinct …… from T1     （S1）
select distinct …… from T2     （S2）
```

计算节点在接收到数据集 S1 和 S2 后，进一步进行 distinct 操作。

distinct 操作下推如果能大幅度减少中间结果的数据量，则该优化会显著提升分布式数据库系统的性能。

9. order by 下推

在分布式数据库系统中，对于排序处理通常会优先考虑推入数据节点完成。利用数据节点的计算能力并行完成排序操作；涉及结果合并的，计算节点再对有序数据集进行合并排序。举例说明如下：

```
select …… from T1
union all
select …… from T2
order by ……
```

假定 T1 和 T2 分属不同数据节点，计算节点会考虑分拆语句如下：

```
select …… from T1 order by ……     （S1）
select …… from T2 order by ……     （S2）
```

在计算节点上，对有序的数据集 S1 和 S2 做合并排序，形成最终结果。由于分拆了排序数据量，降低了排序溢出的概率，且能利用多数据节点并行排序，因此有利于提升整体性能。

10. 去重消除

去重消除（distinct elimination）是指消除逻辑上不必要的去重操作。通常有两种方法实现：排序去重和分组散列去重。无论哪种实现，去重的开销都比较大。有如下两种情形可以实施去重消除：

（1）在半连接逻辑下，是否重复对存在性检验无影响。

（2）语句逻辑或数据约束已保证其唯一性的。

举例说明如下：

```
select …… from T
where col in (select distinct col from T2 where ……)
```

这个例子中，子查询中的结果是否包含重复数据，逻辑上并不影响存在性判断的结果。优化器会直接删除该子查询的去重操作。

再如：

```
select distinct col1, col2 from T
where …… group by col1, col2
```

在此语句中，分组（col1, col2）本身唯一，对其去重已无必要，优化器会识别此种情形直接去掉去重操作。

另外，选择列包含主键、序列、伪行号等语句，优化器在识别后进行去重消除优化。

值得注意的是，通常在分布式数据库系统环境下，保证跨分片的唯一性代价极其高昂。因此，跨分片的唯一性事实上由"分片键+主键"保证。因此，在该系统环境下，对于唯一性认定并进行去重消除优化还需要考虑分片键。

11. 常数折叠

所谓的常数折叠，是指数据库系统为了减少对确定值的反复计算而先进行计算的优化方法。此过程一般发生在 S（select）F（from）W（where）中 SW 阶段。例如：

```
select …… from table where col = 1 + 2
```

在此查询中，1+2 会先被计算成 3。查询重写后，条件变为 where col = 3。相应地，对于投影列出现的常量也可以使用该优化技术，避免反复计算常量。

需要注意的是，如果 order by 或 group by 中实现了"位置列"（比如：order by 1 表示按照 select 列表的第一列进行排序），情况就有所不同。SQL1992 要求位置列必须是无符号、大于 0 且小于或等于本查询投影列数的整数。在此场景下,数据库不会进行常量折叠,而是将此表达式作为常量处理,忽略该常量的排序或者分组。

12. 非逻辑优化

非逻辑优化是指对 NOT 运算进行处理,通常是将其下推,将 NOT 表达式变换为表达式中各分量补集的运算(见表 3-1)。

表 3-1

处理前	处理后
NOT (col != 5)	col = 5
NOT (col1 <= 4 OR col2 > 0)	col1 > 4 AND col2 <= 0
NOT (col1 <= 4 AND col2 > 0)	col1 > 4 OR col2 <= 0

经过变换,可以减少一次逻辑运算并在一定条件下使范围扫描可用。

13. NULL 下推

优化器引擎会基于表达式进行推导,如果推导后某字段应该是 NULL 或者非 NULL,该条件会添加到其限定条件中。在分布式数据库系统中,这种条件推导自动进行。增加的限定条件通常能降低数据节点和计算节点的数据传输开销。

举例说明如下:

```
select ……from T1, T2 where T1.col = T2.col
```

假定 T1 和 T2 分属不同的数据节点,无法合并下压。由于存在 where 的等值限定,隐含了两个连接字段均为非空约束。故计算节点分拆语句并施加限定如下:

```
select ……from T1 where T1.col is not NULL    (S1)
select ……from T2 where T2.col is not NULL    (S2)
```

通过"where T1.col = T2.col"推导出两个字段都是 not NULL,避免将 NULL 值的无效记录传输到计算节点上。

14. 排序列简化

数据库系统使用字典排序的方法对结果进行排序。某排序列的 NDV（Number of Distinct Values）越小，则排序的开销越大。在字典序规则下，如果该排序列的重复值较多，则通常意味着该列并不能决定排序的最终结果，必须比较后续字段值才能确定记录的次序。另外，参与排序的字段越多，所需的排序内存也越多。因此数据库系统会对排序列进行简化，试图减少系统资源的消耗，提升排序性能。分布式数据库系统的计算节点合并结果并对结果进行排序时，也会实施同样的优化。考虑如下语句：

```
select col, 'literal_string' from T
where …… order by col, 'literal_string'
```

显然，对常量进行排序并无必要，故排序列可简化为 order by col。

另一种情况是，排序列不是字面常量，但数据库推断出该排序字段是确定值（有多种途径推断，如等值链关系、字段约束、谓词限定等），例如：

```
select col, col2 from T
where col = 'const_value' order by col, col2
```

在这个例子中，优化器推断出 col 是确定值，因此排序列可以简化为 order by col2。

在数据库系统中，排序列可以是"位置列"，情况有所不同：排序列简化发生在"位置列"替换为 select 列表相应位置的字段之后。因此在实现了"位置列"的系统中，类似 order by 1 的语法，不应当作为常量排序被简化。另外，该位置列被推断为常量，引擎仍旧会应用排序列简化规则，去掉该排序字段。例如：

```
select 'literal_string', …… from T where …… order by 1
```

15. 排序消除

排序消除是指去掉不必要的排序。包含两个方面：

（1）消除逻辑上不需要的排序。

（2）消除物理上不必要的排序。举例说明如下：

```
select …… from T
where col in (select col from T2 where …… order by col)
```

在此例中，子查询中的结果是否有序，逻辑上并不影响存在性判断的结果。故优化器会直接删除该子查询的排序动作。

再如：

```
select pK, …… from T where pK < 100 and …… order by pK
```

假定字段 pK 是 T 表的主键，结果需要对主键排序。由于主键本身有序，优化器识别出这种情况后使用主键访问数据，从物理上消除排序操作。

注意：这个例子并不严谨。对于堆组织表（Heap-Organized Table）类型的实现，从主键访问会带来二次访问数据块的问题，优化器会综合考虑排序开销和主键访问开销来确定，而并不必然从主键或者索引访问。在本例中，如果增加如下约束：

（1）满足谓词限定 pK < 100 的记录很少，而 T 表记录很多。

（2）统计信息准确，换言之优化器知道 T 表记录很多，且能评估出满足限定的记录很少。

在满足这两个条件的情况下，几乎必然能从系统中观察到排序消除的现象。

在分布式数据库系统环境下，可能需要计算节点做合并连接、排序等操作，都会用到此处提及的优化措施。

16. limit 下推

这里所说的 limit，是指限制选择结果行数（可以理解成 Oracle 的 ROWNUM 伪列限定或者 DB2 的 fetch first N rows only 子句）。在分布式数据库系统环境下，limit 下推的主要目的是在需要计算节点进一步计算的场景下，尽量减少从数据节点提取到计算节点的数据量。考虑如下场景：

```
select …… from T1 union select …… from T2 limit 10
```

上述语句是获取数据集的并集后再取 10 条记录。在此场景中，假定 T1 和 T2 分属不同的数据节点，计算节点将分拆该语句，执行如下逻辑：

```
select distinct …… from T1 limit 10      (S1)
select distinct …… from T2 limit 10      (S2)
```

计算节点获取到数据集 S1 和 S2 后，如果 S1 或 S2 的记录数大于或等于 10 条，则返回该数据集的 10 条记录;否则再次对 S1 和 S2 进行并集操作并取 10 条记录,从而避免将 T1 和 T2 的全部记录提取到计算节点上。

如果是带有排序的 limit 操作,尽管 S1 或 S2 的记录数超过 limit 的要求记录数,也必须对 S1 和 S2 进行排序,再获取 limit 限制的记录数。如:

```
select …… from T1 union all select …… from T2 order by …… limit 10
```

如果不能合并下压执行,则变换为:

```
select …… from T1 order by …… limit 10    (S1)
select …… from T2 order by …… limit 10    (S2)
```

在本例中,计算节点获取到 S1 和 S2,对 S1 和 S2 进行排序后再取 10 条记录。

17. 缩减投影

通常来说投影列越多,需要读取的字节数和在网络上传输的字节数就越多。因此,在分布式数据库系统中存在两种缩减投影的场景。

场景一,在仅作为存在性判断的子查询中,其子查询的投影列无实际意义,会被替换成常数,例如:

```
select …… from table1
where exists (select …… from table2 where ……)
```

在此例中,无论子查询中的投影列是什么,都不会影响判断的结果。因此,可做缩减投影变换如下:

```
select …… from table1
where exists (select 1 from table2 where ……)
```

场景二,如果 N 个投影列是由 M 个基础列及其表达式组成的,且 N 显著大于 M。则分布式数据库系统的计算节点可以只选择 M 个基础列,再通过计算后得到 N 个投影列。这在选择行数较多的情况下,能大幅减少网络通信的开销。例如:

```
select col, col+1, col+2, col+3, col+4 …… from T
```

在此语句中，计算节点实际上只需从数据节点上取 col 一个字段，其余字段可由 col 计算得到。

18. 死代码消除

死代码消除（Dead Code Elimination）是指剪除逻辑先验判定为恒值或者逻辑冗余的条件，以便在运行时减少不必要的逻辑判断，从而提升执行效率。

举例说明如下：

select …… from T where col = *expr* or (some_else_conditions)

如果经过计算该 *expr* 实际为 NULL，则"col = *expr*"恒为 false，该条件为不可达的逻辑，将被简化为：

select …… from T where (some_else_conditions)

进一步，如果优化器能推断出全部条件先验判定为恒值，则会去掉全部条件。如本例中，如果"or"变为"and"，则优化器会直接认定无满足条件的记录。

此外，优化器会执行逻辑推定：对于逻辑冗余的情形（逻辑 A 成立必然能推断出逻辑 B 成立，或者反之），优化器会简化冗余逻辑。比如：

select …… from T where col > 0 and col > 100

优化后，"col > 0"将被消除。

另外，优化器在执行逻辑推定时，能识别矛盾的条件。如：

select …… from T where col < 0 and col > 100

经过推导得出"100 < 0"的谬误后，直接返回无记录。

SQL 的逻辑运算也是条件短路的。这意味着，一旦在某个逻辑运算上即能确定整个逻辑运算的真假，逻辑运算即刻终止。

19. 右外连接转换

右外连接（right out join）可以通过交换右外连接操作的两表次序，变为左外连接，从而简化优化器的工作复杂度。其工作原理比较简单，故不再赘述。

20. 外连接消除

外连接相对于内连接受到的限制更多，可以尝试的优化路径更少。因此，优化器会试图识别语句的真实意图，如果其语义和内连接等价，则会将外连接转换为内连接。举例来说：

```
select …… from T1 left join T2 on T1.col = T2.col where T2.colx = 'value'
```

在此查询中，由于存在连接后限定：where T2.colx = 'value'，优化器能推断出"T2.colx IS NOT NULL"。此语句的真实意图是"只需要 T1 和 T2 连接成功的记录"，因此等价于内连接。

需要注意的是：如果反过来，上述语句的限定变为"where T2.colx IS NULL"，则结果不一定是只存在于 T1、不存在于 T2 的记录，除非 T2.colx 是非空约束。

21. IN 子查询上拉

优化器处理 IN 子查询时，会尝试上拉技术，将 IN 子查询转换为半连接。半连接（Semi-Join）是数据库引擎的内部表示。所谓子查询上拉，就是将子查询的语句合并到主查询语句中，从而减少语句嵌套的层次。经过上拉处理，优化器可以尝试更多的执行路径，从中选择更优的执行计划。

并不是所有的子查询都能上拉，通常而言只能处理简单查询，即 SPJ 查询。所谓 SPJ 查询，是只包含选择（Select）、投影（Project）、关联（Join）的查询。如果包含了聚合操作、分析函数等，则无法合并到主查询中。

需要注意的是，对于含有排序、去重的 IN 子查询，虽然形式上不是 SPJ 查询，但是优化器能识别出其中的排序及去重操作对语句逻辑没有影响。在上拉处理前，优化器已经从语法树上去掉了此类操作，故而不影响其 SPJ 属性的判定。

变换的逻辑大体示意如下，考虑如下语句：

```
SELECT …… FROM ot, ……
WHERE oe IN (SELECT ie FROM it1 … itN WHERE subq_where)
AND outer_where
```

经过子查询上拉处理后：

```
SELECT ……
FROM ot SEMI JOIN(it1 ... itN), ...
WHERE outer_where AND subq_where AND oe=ie
```

22. 子查询物化

对于非 SPJ 查询，优化器通常采用子查询物化的方式。如果子查询中包含了 Union、分组、聚合、去重、选择行数限制（limit）、非确定输出函数（比如 rand()）等操作，优化器会将此子查询物化为一张临时表，并将该查询的结果数据集注入该临时表。后续所有对该子查询的访问变换为对该临时表的访问。

对含有非确定输出函数的子查询进行物化，是因为 SQL 内部处理时可能需要多趟或回溯处理记录，或者该子查询需要和其他表连接多次。而在一条 SQL 语句执行过程中，其非确定输出函数在多个阶段上应该保持一致。

通常来说，对于不能进行上拉处理合并到主查询中的子查询，优化器将使用物化的手段将主查询简化，以便优化器做进一步的分析和优化。

23. group by 重写

在如下场景中，group by 会被重写：

```
select …… from T where ……
group by col1, col2 order by col2, col1
```

对于示例中的语句，分组列和排序列的成员一样，但顺序不一致。

在分组聚合阶段，考虑两种可能的实现：基于排序（sort group by）和基于散列（hash group by）。如果是基于散列实现，则排序操作无法避免；如果是基于排序实现，则先按照分组列进行记录排序后再聚合。如果分组列和排序列一致，就意味着最后的排序操作可以避免。在第二种情况下，优化器会识别这种情况，改写如下：

```
select …… from T where ……
group by col2, col1 order by col2, col1
```

需要注意的是，虽然整条 select 语句有排序操作，但并不必然意味着其分组聚合操作必须使用基于排序实现。如果 T 表的记录很多，但 col1 和 col2 的组合较少

（提示：在此种情形下，不会发生散列溢出，顺序遍历一遍 T 表即可），优化器会优先考虑基于散列实现。在此情形下，排序操作不可避免，但是对较少的分组结果进行排序的代价很小。与此相对，如果 T 表记录很多，col1 和 col2 的组合也很多，则优化器可能会考虑使用基于排序实现。

在使用基于排序实现的情况下，变换分组列次序不会影响分组结果，而变换排序列次序会影响排序结果。优化器会识别此种情况，改写分组列使其与排序列的次序保持一致，从而减少一次排序操作。

24. like 重写

在形如"exact_literal_chars%"非前缀通配的 like 表达式中，数据库引擎会重写该表达式，转换成范围查询。如果在该匹配字段上存在索引，重写后的表达式可以利用索引进行数据访问。举例如下：

```
select …… from table where col like 'ABC%'
```

这条语句会被重写为：

```
select …… from table where col >= 'ABC' and col < 'ABD'
```

重写后的语句将在如下两个方面受益：

（1）将模式的匹配转换为范围扫描，利用索引的有序性进行范围扫描，而不必执行全索引扫描。

（2）字符串大小比较的开销通常小于通配计算的开销。

25. having 上推

having 子句主要用作分组后过滤。如果该过滤条件不含聚合函数，则可将该条件上推入 where 限定。where 限定确定分组计算的数据集范围，条件上推有利于缩减参与计算的数据量，从而提升语句执行性能。举例说明如下：

```
select …… from table
where original_conditions
group by a, b
having a + b > 10
```

该语句将被改写为：

```
select …… from table
where (original _conditions ) and a + b > 10
group by a, b
```

在分布式数据库系统中，在需要计算节点完成计算的场景下，having 上推还能减少数据节点和计算节点之间的数据传输量。

3.4 基于成本的优化

1. 成本模型

成本模型包括成本估算函数，统计信息和基础数据，以及估算中间结果大小的公式。成本通常以执行时长来衡量。

在分布式数据库系统中，成本估算函数通常可以用如下公式描述：

$$T(\text{Total}) = T(\text{cpu}) + T(\text{I/O}) + T(\text{msg})$$

其中，$T(\text{cpu})$ 和 $T(\text{I/O})$ 为本地计算处理时间，其计算范围包括数据节点和计算节点。$T(\text{msg})$ 为数据节点之间或者数据节点与计算节点之间通信的时长估计，该项和具体的网络环境高度相关。

由于在分布式数据库系统环境下，多个数据节点可并行执行，因此，在估算时长开销时，对于包含并行和串行执行的单元，应当按照关键路径（最长执行时长路径）来估计。

除了表统计信息、索引统计信息等外，统计信息主要是 NDV 信息、直方图信息。NDV 主要用于均匀分布下选择率的估计，直方图主要用于存在数据倾斜分布的情况下选择率的估计。

在选择率的基础上，依据表统计信息中的表基数，即可估计中间结果的大小。中间结果的大小是确定连接次序最重要的因素，优化器总是试图按照最小生成原则确定连接次序。

2. 直方图和选择率估计

在数据库系统中，直方图（histogram）是存储关于数据表列值的统计信息的系统表，用来刻画列值的分布情况。优化器在执行过滤和连接时，可能会使用直方图来提高估算该列选择率的准确性。

在默认情况下，如果没有某列的直方图，优化器则假定该列均匀分布。此时，某个列值的选择率即为 1/NDV。但是真实情况往往不同，数据会发生倾斜。这就需要使用直方图描述数据的分布情况。

系统主要依据列值 NDV 的情况确定直方图的类型，主要有两大类型：①频率直方图（frequency histogram）；②分块直方图。

后者依据构建方式的不同，又可分为等高直方图（equi-depth histogram）和等宽直方图（equi-width histogram）。两者的原理非常类似，只是在构建方式上略有差异。因此，这里以等高直方图为例重点介绍。

直观来说，如果 NDV 较小，则适合用频率直方图来描述；如果 NDV 较大，则更适合用分块直方图来描述。

频率直方图：每个离散的列值为图中的一块，记录其出现频次。这种方式对于等值判断下的选择率估计很方便，但不利于偏序或者区间判断下的估算。因此，频率直方图普遍采用累计频次表述，从而既利于等值估算，也利于区间或偏序估算。举例说明如下。

▢ 例

对于客户表中的学历字段，依据其频度统计值构造频率直方图，如图 3-5 所示。

10	0 - 未知学历
15	1 - 小学及以下
35	2 - 初中
75	3 - 高中
175	4 - 本科
200	5 - 硕士
205	6 - 博士

图 3-5　频率直方图

每个值的频次都包含之前所有值的频次累计。计算单个值的频次为：该值的累计频次 − 前值的累计频次；选择率为：频次 / 总频次。比如：值"3"的频次为 75−35 = 40；选择率为：40/205，约等于 0.195。

同样地，很容易得到某值偏序的频次。比如硕士及以下（≤ 5）的频次为 200；

选择率为：200/205，约等于 0.976。

等高直方图：和频率直方图不同，等高直方图中的一块有若干个列值（见图 3-6）。等高直方图的构造过程大体如下：

（1）将 n 个列值（非 NDV，含重复值）按大小排序。

（2）选定块的个数 m，n 远远大于 m。

（3）依次将 n 个列值均匀地放入 m 个块中，每块约有 n/m 个值。

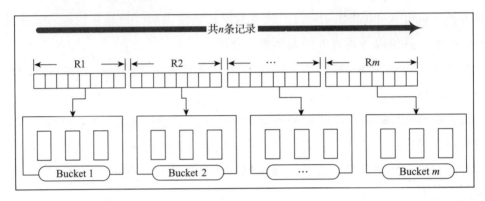

图 3-6 等高直方图

在不考虑空值的情况下，除了最后一个块以外，每个块有 n/m 个值。每个块中的最大值和最小值的差，定义为该块的宽度。每块值的个数除以宽度即为该块的高度。这样，块的高度即为该块最大值和最小值之间某个值出现频次的估计。例如：假定 n 为 100 000，m 为 10，则每个块中有 n/m 即 10 000 个值。某块的最大值为 800，最小值为 300。则在 300~800 之间每个值出现的频次估算为 10 000／(800-300)= 20，相应的选择率为：20/100 000 为 0.0002。

构造**等宽直方图**和等高直方图比较类似，区别在于等高直方图使用均等记录数来分划块，而等宽直方图使用均等值域进行构造。比如抽样或全部列值值域为 1（最小值）~10 000（最大值），如果确定划分为 10 个块，则第一个块中的列值值域为 1~1000，第二个块中的列值值域为 1001~2000，最后一个块中的列值值域为 9001~10 000。

在构造块的时候，如果某些热词（高频出现）跨域了多个块，则可以将这些块合并。此过程叫作直方图的块压缩。

需要明确的是，在构造等高直方图时，对于值分布稀疏的区域使用更宽的块，有助于在采样时降低噪声的影响；而对于值分布密集的区域采用较窄的块，能提供更好的精度，且由于该块分布密集，噪声影响小。因此，使用非固定高度的块会更好，但在实际应用中，为了简单起见通常都采用等高的方式构建直方图。

直方图作为统计的一项传统技术已经存在了很多年，但是到目前为止，尚未找到如何确定直方图最佳块数的方法，仅有为数不多的指导原则。不同的块数划分方法从不同角度揭示了数据的分布特征。但通常从实际使用而言，一个相对较好的划分应当尽量避免热词淹没在分块中间。

不同的数据类型对等高直方图的构建也有影响。选择率的评估需要依靠区间值来确定。因此，对于非整数类型的列，在构建直方图时，需要系统做出相应的转换。比如对于 Decimal 类型，由于其精度确定，因此可以放大相应倍数变为整数；对于 CHAR 类型，系统内部可以将二进制序列直接当成整数来处理。

优化器在使用直方图时，有较大的开销。因此，优化器并不总是使用直方图来估算选择率，更多的时候使用 NDV 进行选择率估计。

3. 直方图和变量绑定

如果使用"绑定变量"的方式执行语句，情况又有所不同。数据库服务器采用了软解析避免语句反复分析和生成计划等过程，提升了语句执行效率；其副作用是对于变量不同的绑定值，无法使用直方图信息。通常在此情况下，数据库服务器采用均匀分布的假定依据 NDV 计算选择率。在列值分布严重倾斜的情形下，这种策略会带来严重的性能问题。

有两种改进策略：一次分析策略和始终分析策略。一次分析策略也叫变量窥视策略。是指在第一次绑定执行时，使用该变量的具体值进行分析，计算选择率，生成执行计划，后续绑定其他变量值再次执行时使用第一次分析得到的执行计划。始终分析策略是指进行一次语法分析，但每次都依据当前绑定的变量值进行选择率计算，生成执行计划。显然，当使用一次分析策略时，隐含的假定是列值非均匀分布但每次使用的列值分布基本类似；当使用始终分析策略时，隐含的假定是列值非均匀分布且列值分布差异很大。

从应用层面来说，OLTP 应用的 SQL 语句一般而言是需要反复执行的简单语句，且一般通过键值来访问。这就非常适合使用绑定变量的方式执行。而 DSS 应用的通常是较为复杂的语句，且很少通过键值访问。在此应用场景下，最好不要使用绑定变量的方式执行。即便绑定了变量，也应该使用始终分析策略进行优化。

4. 组合选择率的计算

记 P(i) 为条件 i，S(P(i)) 为条件 P(i) 的选择率，那么有如下公式：

$$S(P(1) \text{ AND } P(2)) = S(P(1)) \times S(P(2)) \quad \text{（公式1）}$$
$$S(P(1) \text{ OR } P(2)) = S(P(1)) + S(P(2)) - S(P(1)) \times S(P(2)) \quad \text{（公式2）}$$
$$S(\text{NOT } P(1)) = 1 - S(P(1)) \quad \text{（公式3）}$$

需要注意，这里假定两个条件是独立的，这样上述公式才具有数学意义。但是，在实际的查询中，条件通常不是独立的。比如查询管理资产大于700万元（P(1)）的客户等级为高端客户（P(2)）的记录。很显然，这两个条件是高度相关的。因此如果应用公式1，那么选择率会被低估很多。

作为统计信息收集器，改进的方向之一是拟合数据的相关性。从而在优化器计算选择率时加以修正，提高估算准确性。该方向的困难在于，如果没有用户给出相应的提示，计算量太大，统计信息收集器很难在众多字段间发现并计算出相关性。

3.5 银行业实践

1. 混合模型

基于成本的优化在单机数据库上已经非常成熟。其优点在于，优化器管理和屏蔽优化细节，在保证有关统计信息准确性的前提下，数据库的接入方只需要关注所编写语句的业务逻辑是否正确，而不必关心其执行效率（至少从优化器的设计目标来说是如此）。

另外，成本模型的技术难度高，实现起来非常复杂。有如下三个问题需要重点考虑：成本模型的有效性、统计信息的准确性和成本计算的高效性。

首先，在分布式数据库系统环境下，成本模型更加复杂。一方面需要评估网络通信的影响，另一方面需要评估多机协作的性能影响。因此，如何构造有效的成本模型用以衡量语句的开销，是分布式数据库基于成本优化的一个难点。

其次，准确的统计信息是成本计算的基础，要维护系统中统计信息的准确性，所需开销不小。

最后，计算成本理论上需要穷举全部访问路径，从而确定最优成本的执行计划。然而，这部分计算量在分析复杂语句时是惊人的，以至于通常商用数据库会提供优化级别选择，通过选择较低的级别来降低生成执行计划的开销。

基于规则优化的实现相对简单，且实际优化效果通常可以接受。事实上，在单机数据库内部，语句重写和启发式规则都可以归入基于规则优化的范围。区别在于：在语句重写后，是否需要计算成本来评估本次重写是否带来性能提升，从而确定是否保留本次重写。

在银行业分布式数据库系统实现中，主要使用基于规则的优化，降低系统实现的复杂度。实践中，在以基于规则的优化为主的基础上，部分使用基于成本的优化。基于成本的优化主要集中于直方图和选择率估计。计算节点用以确定连接次序、连接方式等，避免选择糟糕的执行计划，影响系统的整体性能。基于规则的优化主要用于减少数据节点和计算节点的通信数据量和交互次数，减少计算节点的计算量等。

2. 中信银行分布式数据库实践

为满足业务快速发展的要求，中信银行自2014年起启动分布式数据库系统的建设，历经一期和二期的项目建设，目前已经具备了分布式数据库的基本特征和能力。在建设之初即将其定位为银行业的领域数据库，从系统设计到具体实现都坚持稳定、可靠、实用的原则。

具体到优化实践上，计算节点以场景优化为导向，少做或者不做通用优化。通过反复分析当前线上运行的多套业务系统，针对性地优化了上百个业务场景，从而使中信银行分布式数据库在大部分情况下性能提升至可接受的水平。

另外，以基于规则的优化为主，基于成本的优化为辅。在提升系统灵活性的同时控制系统实现的复杂性。优化器内置大量的优化规则，通过查询重写的方式进行经验性优化。在优化规则的选择上，重点实现分片剪枝、并行执行、合并下压、条件下推、条件繁殖、排序消除、去重消除、排序下推等。总体来看，就是将优化重点放在尽量减少数据节点和计算节点间的交互次数和数据传输量，提高数据节点之间的计算并行度，减少计算节点的计算量这三个方面。之所以这样安排，主要是基于如下考虑：首先，它们是分布式数据库系统环境下影响性能的主要因素；其次，它们实现起来相对简单，花费少但效果显著；最后，在计算节点和数据节点可以水平扩展的情况下，优化相对次要的因素并无迫切的现实需求。中信银行分布式数据库的查询优化处理流程可参考图3-7。

性能优化是无止境的，要随着认识的深入，逐步拓宽优化的广度和深度。从实现步骤上，先易后难、分步推进。分布式环境下的优化需要相当的技术和认知积累,通过快速迭代开发并且回归全部性能测试用例的方式添加优化规则。在进行性能回归测试时,在语句处理的关键路径上分段打点并计时,用以跟踪语句优化的效果。实践证明,这是开发优化器行之有效的方式。

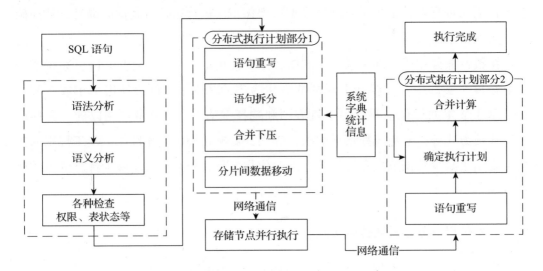

图 3-7　中信银行分布式数据库的查询优化处理流程

下一阶段将继续推进中信银行分布式数据库的优化工作,逐步往通用优化的方向演进。主要考虑以下六个方面的改进:

(1) 完善统计信息(包括但不限于表信息、索引信息、直方图信息等),并存储在计算节点上,形成全局一致的统计信息视图,减少计算节点和数据节点交互的次数,提升计算节点优化连接次序、连接方式的决策能力。现阶段,中信银行分布式数据库缺乏全局统计信息,在处理上隐含使用了均匀分布的假定。

(2) 丰富和完善优化规则,进一步发展基于规则的优化,通过对场景优化的进一步提炼,将其演进到通用优化规则。

(3) 尝试分布式多版本并发控制(MVCC)实现,从底层实现分布式事务一致性的并发控制,降低数据节点和计算节点的通信数据量,并减少计算节点的计算量。

(4) 逐步发展基于成本的优化,其中最难的地方在于如何准确估计各候选执行计划的开销,这需要在实践中不断探索、检验和修正成本模型。

(5) 从银行业的应用实际出发,逐步发展优化概要,对于某些复杂的应用,降低从测试环境迁移至生产环境的性能风险。

(6) 尝试优化规则配置化,实现优化规则的快速添加,减少规则变动对核心代码的影响。

3.6 本章小结

本章重点描述了优化器的工作原理和目标及多种优化规则。优化器将依据宿主系统提供的资源和各种统计信息，尝试多种可能的执行路径，评估其开销。在这期间，优化器可能会依据内置优化规则，剪去其认为不可能得到优化结果的路径，提升优化器的工作效率。优化器还会依据多种规则重写查询。

本章介绍了优化器评估连接次序及连接方式的方法，并从使用者的角度分析了其使用场景，以便读者更容易地理解各种连接方式的工作原理以及不同连接方式对效率的影响。另外本章还介绍了直方图和选择率的相关知识，读者需要理解直方图的构造方法以及它在选择率估算过程中的作用。最后本章介绍了中信银行分布式数据库系统的优化实践以及未来的努力方向，以供读者参考。

第 4 章

分布式事务管理

4.1 事务概述

4.1.1 事务的定义

"事务"一词在不同的场景中有不同的定义,但在计算机科学特别是数据库领域中,事务是一个专有名词,即指作用于数据库中数据项的一系列操作,[2]这些操作作用于数据库上的最小逻辑单元,可能使数据库从一个状态迁移到另一个状态。一个逻辑单元要成为事务,必须满足 ACID(原子性、一致性、隔离性和持久性)四个属性。事务的四个属性可以保证事务内操作的结果是可预期的,可以在交易系统中被大量使用。

1. 事务的属性

(1)原子性(atomicity)。事务的原子性是指逻辑单元中的操作不可分割执行,要么全部执行成功,要么全部执行失败,不存在部分执行成功、部分执行失败的情况。

事务执行过程若没有任何异常,最终会被数据库自动完成或被应用程序发出的完成命令完成,这个过程被称为提交(commit);若出现异常,则会被数据库自动取消或被应用程序发出的命令取消,这个过程被称为回滚(rollback)。

事务执行过程中有两种情况可能会影响其原子性。第一种情况是由于资源冲突或死锁导致事务无法继续执行。如果是资源冲突，则需要在等待一段时间之后，由应用程序或者数据库本身将事务回滚；如果是死锁，通常会在数据库检测出来后被取消。第二种情况是由于处理器、磁盘、网络或电源故障导致事务中断执行。由于这种情况在 PC 服务器中发生的概率很高，在硬件故障处理完毕、服务器重新启动之后，数据库本身需要具有自动恢复能力，这个恢复过程被称为故障恢复（crash recovery）。

（2）一致性（consistency）。在讨论事务的一致性之前，必须先定义数据（数据库）的一致性。数据的一致性包含两个方面，一方面是指应用程序或数据库的任何异常都不会导致数据与数据库规则（比如约束、触发器）冲突，我们定义为规则一致性。如果操作违反数据库规则，事务将会失败，比如插入重复主键或唯一索引冲突记录，这个特性需要数据库来保证。另一方面是指记录的不同副本、同一个字段在不同表上的冗余必须保证一致，我们定义为副本一致性。这个特性无法由事务保证，需要由应用程序维护，除非在数据库上定义了相关的约束，那就转化成了规则一致性。事务的一致性则是指事务操作不能影响数据的规则一致性，事务完成后数据仍然处于规则一致性状态。数据的初始状态是规则一致的（没有任何数据），经过一系列事务后，数据仍能保证规则一致性。

（3）隔离性（isolation）。写事务操作的数据对其他事务的可见性被称为事务的隔离性。隔离是处理事务冲突的方式，具体来说，分为读写冲突和写写冲突。写写冲突可通过乐观锁或悲观锁等方式来进行控制，具体内容在数据库并发控制一章中有详细描述。这里重点说一下读写冲突，在数据库理论中，读写冲突的隔离性分为四个级别，分别是脏读、已提交读、可重复读和串行化。

脏读（read uncommitted）：也称为未提交读，即事务内已更新但未提交的数据可以被其他事务读取。这其实是数据不一致的一种表现，但在实际使用过程中，若对数据一致性并不敏感，可以考虑使用这种隔离性来提高性能。

已提交读（read committed）：事务已经更新并提交的数据才能被其他事务读取。

可重复读（repeatable read）：事务已经更新并提交的数据不影响之前事务的读取结果。

串行化（serialization）：所有的读写事务只能串行执行，可以完全保证数据的一致性。但这种隔离性由于性能较低在实际生产环境中很少被使用。

（4）持久性（duration）。事务操作一旦结束，事务对数据的修改就被永久保存下来，即便数据记录没有被真正写到磁盘数据库中就发生异常，也仍然能保证事务对数据的修改不会丢失。

2. 事务的类型

事务按照层次复杂度可以分为平面事务和嵌套事务，按照提交方式的不同可以分为自动事务和手动事务。

平面事务是指只有一个起始点和结束点的事务，在实际使用中绝大部分都是平面事务。嵌套事务是指具有多个嵌套层次的复杂事务，事务内部开启一个或多个子事务，在实际使用中较少用到，本书所提到的事务均指平面事务。

自动事务是指开启、提交或回滚操作均由数据库自动完成，无须应用关心的事务。这种事务只能应用于事务中只有一条 SQL 语句的场景，其优点是与数据库交互次数少、性能高。手动事务是指开启、提交或回滚操作均由应用程序指定的事务，支持事务中包含一条或多条 SQL 语句。由于手动事务在事务开启、事务执行、事务提交或回滚三个阶段都需要与数据库交互，因此性能相对较低。在实际使用中如果确定事务中只有一条 SQL 语句，应使用自动事务方式。

3. 事务的状态

为了准确描述事务处理的各个阶段，我们把事务分成以下几种状态。

（1）初始状态：事务开启（执行 start transaction 或 begin）以后就处于这个状态。

（2）执行状态：事务的第一条 SQL 语句发到数据库开始执行时，事务就处于执行状态。

（3）已提交状态：事务成功提交后就处于已提交状态。

（4）终止状态：事务出错或者接收到回滚语句处理完成后，数据库恢复到事务开始执行前的状态。

我们把初始状态和执行状态称为活跃状态，把已提交状态和终止状态称为非活跃状态。事务状态图如图 4-1 所示。

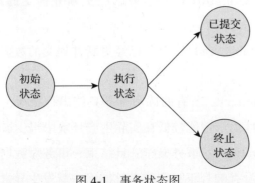

图 4-1　事务状态图

从事务状态图可以看出，事务一旦进入已提交状态，就无法再通过回滚操作进入终止状态，即无法恢复到事务开始执行前的状态。类似地，终止状态的事务也无法直接进入已提交状态。

4.1.2 分布式事务

分布式事务是指事务处理的过程涉及多个不同的服务器，[3]这些服务器之间通过网络相互通信。其中一部分服务器提供事务需要处理的资源，称为资源服务器或事务参与者；另一部分服务器负责创建事务，协调事务参与者的所有操作，记录事务状态，称为事务管理器。分布式事务和单机事务一样，都需要保证事务的 ACID 四个属性。在分布式事务中，事务分为两个层次，分别是单机事务或本地事务和全局事务。本地事务是指事务参与者对自身数据操作时要满足事务的 ACID 属性；全局事务是协调多个本地事务完成一个分布式操作的事务，也就是整个分布式事务。

1. 分布式事务的状态

分布式事务通常存在于分布式系统中，分布式系统中的各个节点物理相互独立，通过网络进行沟通和协调。单个节点可以覆盖本地事务，但无法准确知道其他节点上事务的状态，而本地事务一旦提交就无法回滚。为了保证全局事务的原子性，需要事务管理器来协调所有事务参与者的节奏，只有认为所有事务参与者都可以提交之后，才发起提交操作。向所有事务参与者发起提交操作命令后，由于网络传输延迟不同、服务器处理速度不同或者网络、服务器故障等因素都会导致部分参与者已经提交、部分参与者未提交的情况，我们把这种状态称为部分已提交状态。

在分布式环境下，网络通信的结果有成功、失败和未知三种，如果仅仅是成功或失败，分布式事务处理逻辑并不复杂，难就难在未知状态，此时事务管理器不知道未知状态节点是执行成功、执行失败还是未收到信息。当多个节点的未知状态组合起来，事务处理的场景就变得异常复杂了。此外，事务管理器保存了整个事务的状态信息，若其发生异常，整个事务将处于"悬挂"状态，这些异常都大大增加了分布式事务处理的难度。

2. 分布式事务的一致性

在本地事务中，事务一致性的含义很清晰，与事务的其他三个属性没有直接关系。但在分布式环境下，由于网络通信延迟、故障和服务器故障等因素，保证事务一致性、原子性和隔离性的复杂度都大大增加，很多交易处理事务不再局限于通过数据库来保证数据的一致性，而是通过应用服务器、分布式中间件和数据库来共同保证数据的一致性。因此我们通常所说的分布式事务的一致性不仅包含本地事务的一致性，[4]还包含分布式事务的原子性和分布式事务的隔离性，从用户角度来说，就是未来开始的任何事务可以看到过去发生的事务的操作结果，[5]或者说所有事务操作应该准确、有效，结果符合用户的预期。[6]在具体实现中，根据约束条件的不同可以将一致性分为强一致性、弱一致性和最终一致性等。

（1）强一致性。当用户完成数据更新之后，后续所有读操作都能且只能读到更新以后的值，这是事务一致性的最高级别，也是在单机数据库中默认的一致性级别。目前银行所有的金融类交易都采用该一致性级别，用户体验最好。在分布式环境下，由于CAP理论的限制，要实现强一致性，必须在一定程度上牺牲系统的可用性。

（2）弱一致性。当用户完成数据更新之后，不保证后续读操作都能读到更新以后的值，也不保证多久以后能读到更新以后的值，甚至不能保证最终是否能够读到该值。这种一致性级别仅仅是理论上的一种分级，在实际生产尤其是银行交易场景中不会使用该隔离级别。

（3）最终一致性。强一致性和弱一致性是事务一致性的两个极端，在分布式环境下存在各自的弱点。为了提升系统的可用性，互联网公司在很多需要进行大规模并发事务处理的场景中引入了"最终一致性"的概念，即当用户完成数据更新之后，后续读操作不能立即读取到更新以后的值，系统能保证在没有后续更新的情况下，最终返回该值。最终一致性是弱一致性的一种特例，在系统没有异常时，最终一致所需的时间由网络通信、系统负载和副本数等因素共同决定。

最终一致性方案通常是将事务在不同节点上的处理拆分成异步环节，不同节点之间的处理无须相互等待，一个节点处理完成后，即可开始后续操作，这减少了锁资源的时间消耗，从而可以提升系统的处理能力。但在实际使用中，该一致性级别依赖于具体的使用场景，对于事务节点的处理顺序也有一定要求，事务处理过程对应用程序不完全透明，增加了应用程序设计、开发的复杂度。

4.1.3 BASE模型

在单机数据库中，ACID是唯一的黄金法则。在分布式环境下，由于服务器、网络出现故障的概率大幅增加，为了设计高性能、高可用的分布式系统，丹·普里切特（Dan Pritchett）在2008年提出了BASE模型，用于解决分布式事务的可用性。其中四个字母的含义如下：

基本可用（basically available）：基本可用是指分布式系统在出现故障时不会导致系统全面崩溃，仍然有部分数据或者部分核心服务可用。比如，阿里云某机房的光纤被挖断时，导致了该机房所有的服务器无法对外提供访问，但是仅影响到部分用户，其他机房仍然可以对外提供服务。在电商大促如淘宝"双11"或京东618等活动时，当访问量激增、数据库层难以应对时，部分用户会被引导到降级页面，只能查询或读取页面，无法下单，但仍然可以保证大部分用户的正常下单。这就是基本可用，允许损失部分可用性。

软状态/柔性事务（soft-state）：软状态是指允许系统存在中间状态，与传统数据库原子操作非此即彼不同，同一条记录在数据库中可能存在多个不同的值，以Cassandra为例，数据的3副本允许存在不同的值，但不影响系统的整体可用性。

最终一致性（eventual consistency）：最终一致性是指在数据操作过程中虽然会有短暂的数据不一致的状态，但经过一定时间后，最终都能够达到一致状态。

BASE模型不同于ACID模型，BASE模型强调牺牲高一致性，从而获得高可用性，数据允许在一段时间内不一致，只要保证最终一致就可以了。

如果用CAP理论来解释，传统数据库支持ACID模型，属于CAP理论中的CA类型；使用BASE模型的数据库，属于CAP理论中的AP类型，使用这个模型的典型方案是互联网公司使用的最终一致性事务模型。这个模型将分布式事务拆分成异步的多个子事务，通过外围的多种辅助手段保证事务的最终一致性。

4.2 分布式事务模型

The Open Group提出的X/Open DTP模型（X/Open XA）是分布式事务模型的事实标准。X/Open DTP模型包括应用程序（AP）、事务管理器（TM）、资源管理器（RM）和通信资源管理器（CRM）四个部分。[7] XA就是X/Open DTP定义的交易中间件与数据库之间的接口规范（即接口函数），交易中间件用它来通知数据库事务的开始、结束以及提交、回滚等。XA接口函数由数据库厂商提供。

根据一致性的不同，分布式事务模型也分为强一致性、弱一致性和最终一致性三种。常见的强一致性模型包括两阶段提交、三阶段提交，通常用于能够在短时间内提交的更新，范围从几毫秒到几分钟。常见的最终一致性模型包括基于消息队列的异步处理和提供补偿事务两种，通常用于需要很多步骤、可能涉及多次交互的场景，比如预定旅行的交易，其中包括预定航班、租赁车和酒店。弱一致性模型在实践中使用得较少。

4.2.1 两阶段提交模型

在事务处理、数据库和计算机网络领域中，两阶段提交协议（two-phase commit，2PC）是一种原子承诺协议。它是协调分布式事务的所有参与者是否提交或终止事务的分布式算法。即使在许多进程、服务器和通信网络发生故障的情况下，协议也能实现协商一致的目标，因此被广泛使用。[8]

所谓的两阶段是指准备阶段和提交阶段。

1. 准备阶段

事务管理器给所有事务参与者发送准备提交（Prepare）消息，参与者即开始进行检查，写本地的取消（Undo）日志和重做（Redo）日志，但不提交。在执行完成上述步骤后返回成功响应，若在这个过程中参与者有任何问题（如写重做日志失败）就直接返回失败响应。

关于准备阶段的详细描述如下：

（1）事务管理器向所有参与者询问是否做好提交事务的准备。

（2）参与者执行提交前的准备工作，将 Undo 信息和 Redo 信息写入日志，发送响应给事务管理器。如果参与者的准备工作执行完成，则发送"OK"消息；如果参与者的准备工作执行失败，则发送"Failed"消息。

2. 提交阶段

如果事务管理器收到任何一个参与者的"Failed"消息或者因超时未收到响应，就认为本事务无法提交成功，给每个参与者发送回滚消息，否则发送提交消息。参与者根据事务管理器的指令执行提交或者回滚操作，释放所有事务处理过程中使用的锁资源。

根据响应信息的不同，提交阶段分两种情况描述如下（见图 4-2）。

（1）当事务管理器从所有参与者节点获得的响应消息都为"OK"时：

1）事务管理器向所有参与者节点发送"提交"请求。

2）参与者执行提交操作，并释放在整个事务期间内占用的资源，向事务管理器发送"OK"消息。

3）事务管理器在收到所有参与者反馈的"OK"消息后，记录全局事务状态为已提交。

（2）如果任何一个参与者在第一阶段返回的响应消息为"Failed"，或者在超时之前无法获取所有参与者节点的响应消息（见图 4-3）：

1)事务管理器向所有参与者发出"回滚"请求。

2)参与者利用之前写入的 Undo 信息执行回滚,并释放在整个事务期间内占用的资源,向事务管理器发送"OK"消息。

3)事务管理器收到所有参与者反馈的"OK"消息后,记录全局事务状态为终止状态。

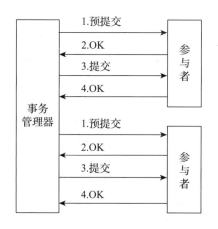

图 4-2　两阶段提交正常流程图

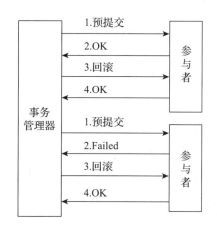

图 4-3　两阶段提交异常流程图

从上述两阶段提交的过程中可以看出,两阶段提交的原理非常简单,实现起来非常方便,在实践中很多厂商的组件都提供了满足两阶段提交协议的接口。但两阶段提交存在数据不一致、同步阻塞等缺点。

(1)数据不一致。在提交阶段中,事务管理器在向所有参与者发送提交请求后,由于网络延迟不同或者服务器处理速度不同,会出现部分参与者已经提交、部分参与者尚未提交的情况,在多个参与者提交的间隙会出现数据不一致的情况(见图 4-4)。

在图 4-4 的例子中,事务 T1 执行转账操作,从账户 1 转账 50 元到账户 2,在事务 T1 的两阶段提交期间,若有事务 T2 读取账户 1 和账户 2 的余额之和,结果是 50 + 20 =70(元),产生数据不一致问题。虽然这个时间间隙很短,发生的概率非常低,但在对数据一致性要求极高的金融交易中,任何不一致的情况都不允许发生。

若在提交时发生了网络异常或者协调者发生了故障,也会导致整个分布式系统出现数据不一致的现象。在系统故障恢复前,任何操作都会读取到不一致的数据。

(2)同步阻塞。在该模型中,事务管理者记录了所有本地事务和全局事务的状态,它的角色至关重要,一旦它发生故障,参与者就会一直阻塞下去。尤其是在第二阶段开始前，若事务管理者发生故障，那么所有的参与者都处于阻塞状态。若在事务管理器发出提交消息之后宕机，且唯一接收到这条消息的参与者也同时宕机，那么这条事务进入"悬挂"状态，无法确定是该提交还是该回滚。

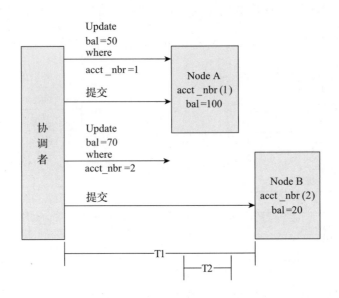

图 4-4　两阶段提交数据不一致场景

由于两阶段提交存在上述缺点，所以研究者在两阶段提交的基础上做了改进，提出了三阶段提交。

4.2.2　三阶段提交模型

三阶段提交协议（three-phase commit，3PC）在两阶段提交协议的基础上改进而来，与两阶段提交协议不同的是，3PC 是非阻塞的。[9] 具体来说，3PC 对交易提交或终止之前所需的时间设置上限。此属性确保，如果给定事务尝试通过 3PC 提交并保存一些资源锁，则它将在超时后释放锁。

除此之外，3PC 在原有 2PC 的准备阶段和提交阶段中增加了提交询问阶段，以保证在最后提交阶段之前各参与节点的状态是一致的。具体来说，3PC 包含提交询问（CanCommit）、预提交（PreCommit）和提交（DoCommit）三个阶段，如图 4-5 所示。

图 4-5　三阶段提交正常流程图

1. 提交询问阶段

3PC 的 CanCommit 阶段其实和 2PC 的准备阶段很类似。

（1）事务询问。事务管理者向所有参与者发送 CanCommit 请求，询问是否可以执行事务提交操作。

（2）响应反馈。参与者接到 CanCommit 请求之后，判断可以提交就返回"OK"响应，否则返回"Failed"响应。

2. 预提交阶段

事务管理器根据询问阶段参与者的响应情况来决定下一步操作。

（1）如果所有参与者的反馈都是"OK"响应，那么进入预提交阶段。

1）发送预提交请求。事务管理器向所有参与者发送预提交请求。

2）执行预提交。参与者在接收到预提交请求后，执行预提交操作，将 Undo 信息和 Redo 信息记录到事务日志中。如果参与者成功执行预提交，则返回"OK"响应，否则返回"Failed"。

（2）如果有任何一个参与者的反馈是"Failed"响应或者响应超时，事务管理器就执行事务的终止操作。

1）发送终止事务请求。事务管理器向所有参与者发送终止事务请求。

2）终止事务。参与者收到"Abort"请求，或超时仍未收到事务管理器的下一步请求，就执行事务的终止操作。

3. 提交阶段

事务管理器根据预提交阶段参与者的响应情况来决定下一步操作。

（1）如果所有参与者的反馈都是"OK"响应，那么进入提交阶段。

1）发送提交请求。事务管理器向所有参与者发送提交请求。

2）提交事务。参与者接收到提交请求，执行正式的事务提交，并在完成事务提交之后释放所有事务资源，向事务管理器发送"OK"响应。

3）提交全局事务。事务管理器接收到所有参与者的"OK"响应，记录全局事务状态为已提交，并释放相应的资源。

（2）如果有任何一个参与者的反馈是"Failed"响应或者响应超时，事务管理器就执行事务的终止操作。

1）发送终止事务请求。事务管理器向所有参与者发送终止事务请求。

2）执行事务回滚操作。参与者接收到终止事务请求，利用 Undo 信息执行事务回滚操作,并释放所有的事务资源,向事务管理器发送"OK"消息。

3)终止全局事务。事务管理者接收到所有参与者的"OK"消息之后,记录全局事务状态为已终止,并释放相应的资源。

一旦进入提交阶段,如果由于网络或事务管理器异常等原因,参与者无法及时接收到事务管理器的提交或者终止请求,则会在等待超时之后继续进行事务的提交。因此相对于 2PC,3PC 解决了事务管理器单点故障的问题,并减少了阻塞,因为参与者如果无法及时收到来自事务管理器的信息就会默认执行提交,而不是一直持有事务资源并处于阻塞状态。但这种机制仍然会导致数据一致性问题,比如由于网络问题,协调者发送的终止事务请求没有及时发送给所有参与者,那么部分参与者在等待超时之后执行了提交操作,部分参与者因收到终止事务请求而执行了回滚操作,从而导致了数据不一致。

4.2.3 最终一致性事务模型

2PC 和 3PC 的每个阶段都由事务管理器来协调所有参与者,力求在各个阶段都保证同步,否则就进行回滚操作。它们都属于强一致性模型,这类模型在处理高并发、长事务时存在性能问题,导致系统的可用性较低。

为了实现高可用性,人们提出了最终一致性事务模型。最终一致性不保证事务的实时一致性,而仅保证数据项在某次更新操作后,没有进行其他更新操作,那么对该项的所有访问最终都将返回更新后的值。[10]最终一致性事务模型通常被认为提供 BASE(基本可用、软状态、一致性)语义,与传统的 ACID(原子性、一致性、隔离性、持久性)的保证不同。[11]最终一致性有时被批评会增加分布式软件应用程序的复杂性,[12]这是因为最终一致性纯粹是活性保证,并不提供安全保证:最终一致的系统可以在它收敛之前返回任何值。在具体实现上,最终一致性有提供补偿事务和基于消息的异步处理两类方案。

1. 提供补偿事务

提供补偿事务方式通常将事务的各个环节拆成串行执行的步骤,当中间某个步骤执行失败,后面的步骤不再执行,通过补偿事务将前面已经成功执行的步骤进行回滚。以转账为例,从账户 A 转账 100 元给账户 B,步骤如下:

(1)先执行从账户 A 扣减 100 元的操作并提交,若执行成功,则进入下一步。

(2)执行给账户 B 增加 100 元的操作,若执行成功则提交,否则进入下一步。

(3)通过第一步操作的补偿事务,给账户 A 增加 100 元,完成事务回滚。

这种方式需要为每一个步骤添加补偿事务操作，造成代码量大且处理逻辑异常复杂。而且在高并发环境下，补偿事务的异常处理也很复杂，如果事务的步骤很多，全部回滚的成本会非常高。

2. 基于消息的异步处理

基于消息的异步处理包括基于数据库消息列表和基于消息队列两种方案。两者的实现思路基本相同，但由于基于数据库消息列表的方案在高并发场景下，仍然存在吞吐量方面的瓶颈，所以目前互联网公司基本都采用基于消息队列的异步处理方案。该方案的设计原理是将分布式事务涉及的过程按照节点和逻辑分解成多个子事务或子过程，每个子事务独立实施，并确保这些独立的子事务一旦成功创建，一定会全部实施成功，不会失败。仍然以转账为例，从账户 A 转账 100 元给账户 B，步骤如下：

（1）从账户 A 扣减 100 元，并发送一条转账消息给队列 MQ，在确保消息发送成功后就提交事务。

（2）MQ 保证一旦收到消息就不会丢失。

（3）消息接收者从 MQ 读取转账消息，先记录转账消息，再给账户 B 增加 100 元，更新转账消息的状态为已经完成，提交事务。

（4）若 MQ 的消息未及时删除，或者消息接收异常恢复后重复读取消息，则可以与本地记录的转账消息进行对比。若发现已经执行过转账操作，则丢弃消息；若在执行转账过程中发生异常则结束，由后台线程定时扫描本地转账消息表，将未完成的转账操作重复执行，直到成功。

从上述过程可以看出，基于消息队列的异步事务处理是通过牺牲分布式事务的实时一致性和隔离性，以获得最终一致性为设计目标的，需要对原有业务逻辑进行调整。需要调整的业务可以按类型划分为以下三个部分：

（1）交易过程。将原来的业务交易逻辑分解成可以满足 ACID 特性的独立子事务（或称为子过程），并将这些独立子事务写入消息队列和数据库的事务登记表中。全部写入成功后就可以认为交易完成，可以开始后继的其他业务逻辑。

（2）后继逻辑。后继的其他业务逻辑需要进行相应的调整，以满足这样一个基本假设，即交易过程已经成功实施，但数据库中的相关数据尚未及时变更，系统要确保最终一定可以成功变更。

（3）更新过程。消息队列触发业务实施一个个独立的子事务，收到消息后就会在本地的消息记录表中登记，从而保证子事务不丢失。成功执行子事务后就在本地的消息记录表中更新消息状态,从而保证子事务不会重复执行。

基于消息队列的异步事务处理方案能够确保数据的最终一致性,是互联网应用使用得较多的一种方法,但它存在如下风险和难点:

(1)对业务的侵入性较大,需要将业务逻辑分解成可以独立异步执行的子过程,且其他业务逻辑要对这种延后的数据更新不敏感。这些要求对业务提出了极大的挑战,业务需要花费很大的精力进行复杂的切分和不敏感性控制。

(2)可切分性和不敏感性限制了业务可以实施的操作的多样性和复杂度,对业务功能的开发有较大的限制。

(3)只能提供最终一致性,不能提供强一致性,自然无法提供有效的隔离性。

(4)由于是最终一致性,且不存在回滚机制,在某些情况下部分独立的子事务由于数据校验或其他原因无法成功实施时,会导致子过程不断重试并不断失败,必须人为干预才能解决。

4.3 分布式事务实践

从大的分类来看,分布式事务方案分为实时一致性方案和最终一致性方案。两阶段提交属于实时一致性写事务方案,提供补偿事务和基于消息队列的异步处理方案是最终一致性方案。但是两阶段提交由于同步阻塞、读数据可能不一致等问题,在某些场景下无法使用。如果将隔离级别修改为串行化则可以解决读数据的一致性问题,但性能极差,难以接受。

基于消息队列的异步处理方案将事务拆分成多个本地子事务,子事务之间通过消息队列衔接。子事务之间串行执行,单个子事务占用资源的时间很短,并发度高,但事务是最终一致性的,且应用需要做大量的异常处理工作以保证事务的原子性。

在充分分析了以上各种事务处理方案的优缺点之后,根据银行业务对实时一致性的要求,我们提出了基于全局事务ID(global transaction ID,GTID)的分布式事务方案。

4.3.1 基本原理

在基于GTID的分布式事务方案(简称本方案)中,我们把协调参与者和记录全局事务状态这两个功能分开,用计算节点协调各事务参与者进行事务操作,全局事务管理器仅管理全局事务的状态。为了确保事务状态正常,全局事务管理器采用了实时持久化和实时同步到备机等多重保障机制。本方案的事务管理架构如图 4-6 所示。

（1）两（三）阶段提交的核心思想是通过前期的多次准备和协调工作，尽可能地让最后的提交操作能够成功。而本方案认为大部分事务都可以一次提交成功，因此采用一阶段提交 + 补偿事务的方式。如果事务在提交阶段有部分节点提交失败，那么本方案将采取回滚已成功提交的事务的方式，而不是让失败的节点不断重试。与两（三）阶段提交相比，本方案在大部分情况下减少了与数据节点的交互次数，降低了锁冲突概率，提升了事务处理效率。

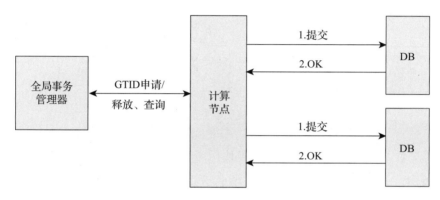

图 4-6　基于 GTID 的分布式事务方案的事务管理架构

（2）在建表时增加一个隐藏列，用于记录 GTID。

（3）在每个分布式事务开始时，计算节点发送请求到全局事务管理器（GTM）上，为事务申请一个 GTID。GTID 是全局唯一且单调递增的整数，在 GTM 中使用散列结构存放。GTID 申请成功后，我们称该 GTID 为活跃（Active）状态，对应地，该 GTID 的事务状态为未提交状态。若涉及数据新增或更新，则将 GTID 与数据一同写到数据行的隐藏列中，在事务成功提交后，计算节点发送请求到 GTM 上，将此 GTID 释放，此时我们称 GTID 为非活跃（Inactive）状态，对应的事务状态为已提交状态。

（4）当事务提交失败时，提交失败的节点会自动回滚，对于已成功提交的节点，需要将其回滚，数据恢复到更新前的状态。在全部节点回滚完成后，同样需要将 GTID 释放。

1. 事务的原子性

保证事务的原子性是分布式事物的最大难点。在分布式环境下，保证事务的原子性主要有两种方案：一种是在提交命令发出后不回滚，尽可能地保证提交成功；另一种是在提交命令发出后，根据响应结果判断是提交成功还是该进行回滚。

我们采用的是第二种方式，由于我们的方案采用的是普通事务的提交方式，目前主流的数据库在本地事务提交后都不能回滚，因此我们必须自己实现已提交事务的回滚。已提交事务的回滚架构如图 4-7 所示。

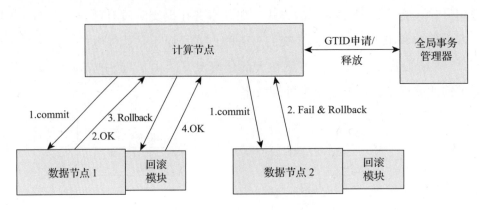

图 4-7　已提交事务的回滚架构

在每个数据节点上部署一个回滚模块用于已提交事务的回滚，当部分数据节点提交失败时，计算节点向已经提交成功的数据库节点的回滚模块发送已提交事务的回滚命令，命令中包含事务对应的 GTID，回滚模块根据 GTID 进行回滚，步骤如下。

（1）定位：根据 GTID 的相关信息定位要进行分析的数据库日志文件列表。

（2）查询：遍历数据库日志文件，找到 GTID 对应的事务日志块。

（3）分析：分析日志块，为事务中每条 SQL 语句生成反向 SQL 语句。

（4）执行回滚：将所有反向 SQL 语句逆序执行，并保证在一个事务中。

由于该回滚操作不是数据库原生回滚机制，在实际使用中需要经过大量的优化才能保证回滚的性能达到可用级别。

2. 事务的一致性

在单机数据库事务中，事务的一致性是指事务的任何操作都不会使得数据违反数据库定义的约束、触发器等规则。在分布式数据库中，由于数据分布在不同节点，有些约束难以保证，比如主键和唯一性约束，中信银行当前实现的版本未从数据库本身保证该约束的完整性，只能从使用规范的角度进行约束，由应用保证主键和唯一索引的全局唯一性。

3. 事务的隔离性

事务隔离性的本质就是如何正确处理读写冲突和写写冲突，这在分布式事务中又是一个难点。具体处理方法将在 5.6 节详细描述。

4. 事务的持久性

和单机一样，分布式事务也需要保证事务的持久性，通过单节点数据的持久化和全局事务状态的持久化来完成，数据的持久化由单节点数据库保证，全局事务状态的持久化由全局事务管理器负责，全局事务管理器采用定时全量和实时增量的方式实现事务状态的持久化：将 GTID 申请和释放的动作实时写到磁盘上，同时每隔一定时间将全局事务管理中的活跃 GTID 列表以异步方式写到磁盘上，通过定时的全量活跃 GTID 列表和实时的增量记录，可以获得任意时刻的活跃 GTID 列表。

4.3.2 异常处理

在分布式环境下，事务处理涉及的组件、服务器和网络比单机复杂太多，各个环节都可能出现故障，因此异常处理也成为分布式事务的重点。根据故障环节的不同可分为数据节点异常、计算节点异常和全局事务管理器异常。

1. 数据节点异常

当数据节点异常时，全局事务将无法提交，已经提交的本地事务将会被回滚。具体考虑如下几个场景（假设分布式事务涉及三个数据节点：DB1、DB2、DB3，其中 DB2 发生了异常）：

（1）分布式事务还未发起提交。向 DB1、DB3 发起回滚操作，DB2 的回滚由数据节点自身保证。

（2）分布式事务已经发起提交。DB2 也已提交，但结果未知。此时需要向所有数据节点发起已提交事务回滚。

2. 计算节点异常

当分布式事务正常运行时，计算节点（假设为计算节点 A）发生异常，与数据节点集群及客户端的所有连接都已中断，数据节点上未提交的事务由数据节点自动回滚。客户端通过其他计算节点（假设为计算节点 B）重新建立连接进行数据库集群访问，不会影响业务新发起的事务。但由于计算节点 A 异常，处于部分已提交状态的事务将无法结束，计算节点 B 上的事务一旦访问到这些事务涉及的数据就会被阻塞，直到这些事务回滚。

具体考虑以下两种场景：

（1）在每个计算节点上部署监控程序。当计算节点异常时，监控程序将重启计算节点，重启完成后由计算节点自己与全局事务管理器交互并完成异常事务的回滚。

（2）如果计算节点服务器已经宕机且无法启动或者监控程序无法重启计算节点服务，则由计算节点管理器协调对等的计算节点（该集群的其他计算节点）完成异常事务的回滚。

3. 全局事务管理器异常

全局事务管理器采用主备部署，在申请或释放 GTID 时通过实时同步到备机内存、实时增量持久化到本地磁盘、定时全量持久化三重保护机制，确保全局事务信息不丢失。在单机异常时会进行主备切换，在双机都异常时需通过持久化的全局事务信息进行恢复。

4. 组合异常

组合异常考虑如下两种场景：

（1）数据节点和计算节点同时异常。数据节点和计算节点走各自的异常处理流程即可解决问题，影响的是计算节点上的当前活跃事务以及涉及异常数据节点上的活跃事务的合集。

（2）数据节点、计算节点和全局事务管理器全部异常。此时全局事务管理器上所有的 GTID 都需要回滚，可能需要先配置额外的计算节点，并通过计算节点管理器触发所有活跃事务的回滚。具体流程分析如下：

1）对于所有未发起提交操作的分布式事务，数据节点恢复后将自动回滚。

2）恢复计算节点，若计算节点不能恢复，则需要配置额外的计算节点。

3）由恢复后的计算节点或者计算节点管理器协调新的计算节点处理活跃事务的回滚。其中未发起提交操作的事务不会发生实际回滚动作（由第一步中的数据节点回滚），已经发起提交操作的事务将由数据节点上的回滚模块完成已提交事务的回滚。

4.4 本章小结

本章首先介绍了与分布式事务管理相关的基本概念、基础理论、常见的分布式事务模型，其次介绍了中信银行的分布式事务方案的原理。

4.1 节介绍了单机事务、分布式事务的定义和 BASE 模型。

4.2 节介绍了两阶段提交、三阶段提交和最终一致性等分布式事务模型及各模型的优缺点。

4.3 节在总结已有分布式事务模型优缺点的基础上，介绍了中信银行分布式事务的基本原理和异常处理方案。

第 5 章

数据库并发控制

5.1 并发控制概述

1. 并发控制的概念

数据库是共享资源,通常有多个事务同时在运行。当多个事务并发访问数据库时会产生读取和修改同一数据的情况。若不对并发操作加以控制,即使没有故障和程序错误,数据库的一致性也可能被破坏。并发操作带来的数据不一致性包括三类:丢失更新、不可重复读和读"脏"数据。

(1)丢失更新。两个事务 T1 和 T2 读入同一数据并进行修改,T1 修改后先提交,T2 提交时覆盖了 T1 提交的结果,导致 T1 的修改丢失。

(2)不可重复读。不可重复读是指在事务 T1 读取数据后,事务 T2 对 T1 读取结果集中的某些数据进行了更新,T1 再次读取数据时,结果已经变了,无法重现上次读取的结果。如果 T1 第二次查询结果记录数也不同,则称为幻读。

(3)读"脏"数据。事务 T1 修改某一数据,并记下日志,事务 T2 读取同一数据后,T1 由于某种原因被撤销,T1 已修改过的数据恢复原值,T2 读到了不存在的数据,则称 T2 读到的数据是"脏"数据。

上述问题均是由并发访问导致的。为了解决上述问题,必须对数据库并发访问进行控制。是否具有并发控制机制,以及并发控制机制的优劣是衡量数据库系统功能强弱及性能好坏的重要标志之一。

2. 事务可串行化理论

当多个事务并发执行时,事务的执行顺序存在多种可能,每种可能的执行顺序都是一个调度,如果某种调度下事务执行的结果和事务按照希望的顺序串行执行的结果一致,则称该调度是可串行化的。

串行调度总是可以保证数据库的一致性,但是在串行调度时,系统的运行效率较低。为了提高运行效率,需要寻求一种并发执行,且与串行调度等价的调度来提高系统执行效率。

3. 并发控制的分类

并发控制的分类方式有很多,一种比较常见的方式是将其分为悲观方法和乐观方法。悲观方法会假设很多事务都互相冲突,而乐观方法则假设没有太多的事务冲突。其中悲观方法又分为基于加锁、基于时间戳、多版本等多种方法。

5.2 基于加锁的并发控制

5.2.1 锁类型

一个事务对某个数据对象进行操作时,需要对数据对象加对应锁。这样其他事务对此数据对象进行访问就会受限,当操作结束后事务释放锁。

锁的粒度既可以是逻辑单元,如列值或列值集合、行、表、索引项、整个索引、数据库;也可以是物理单元,如数据页、索引页、块,此时锁是以数据页或者数据块的一个属性存在的,即锁作为数据块的一部分存在于物理单元对应的数据结构中。事务可以对各种类型的数据资源加锁,即多粒度加锁。这样在数据库管理系统中就存在可以被加锁的数据对象树,简称多粒度树。图 5-1 是一个三级多粒度树结构示意图。

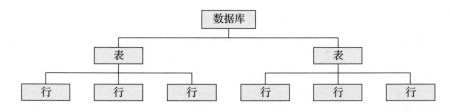

图 5-1 三级多粒度树结构示意图

锁主要分为以下几种类型:共享锁、排他锁、更新锁和意向锁。

1. 共享锁

共享锁（也称 S 锁）允许多个事务同时封锁一个资源，并进行读取（Select）操作。当资源上存在共享锁时，任何其他事务都不能修改数据。读取操作完成就立即释放资源上的共享锁，除非将事务隔离级别设置为可重复读或更高级别，或者在事务持续时间内显式指定加共享锁。

2. 排他锁

排他锁（也称 X 锁）可以防止事务对资源进行并发访问。在使用排他锁时，任何其他事务都无法修改数据，仅在使用 NOLOCK 提示或未提交读隔离级别时才会进行读取操作。

数据修改语句（如 INSERT、UPDATE 和 DELETE）合并了修改和读取操作，语句在执行所需的修改操作之前首先执行读取操作以获取数据。因此，数据修改语句通常请求排他锁。例如，UPDATE 语句可能根据与一个表的连接修改另一个表中的行。在此情况下，除了请求更新行上的排他锁之外，UPDATE 语句还将请求在连接表中读取的行上的共享锁。

3. 更新锁

如果两个事务都获得了某资源上的共享锁，然后都试图更新数据，尝试将锁转换为排他锁。由于第一个事务的排他锁与第二个事务的共享锁不兼容，发生锁等待。同理，第二个事务的排他锁与第一个事务的共享锁不兼容，发生锁等待。两个事务都在等待另一个事务释放共享锁，因此发生死锁。

直接在资源上使用排他锁虽然能解决死锁问题，但是在大并发模式下，会导致查询持续等待。

为了在避免死锁的同时，能够进行并发查询，需要使用更新锁。更新锁（也称 U 锁）在修改操作的初始化阶段用来锁定将要被修改的资源，在真正修改阶段再将锁升级为排他锁。每次只有一个事务可以获得资源的更新锁。更新锁和共享锁不冲突，不影响数据查询。与共享锁相比，更新锁可以更好地避免死锁；与排他锁相比，更新锁可以支持数据并发查询，减少锁冲突。

4. 意向锁

意向锁在多粒度树中通常处于更高的层次。意向锁之所以命名为意向锁，是因为在获取较低层次的锁之前可设置意向锁，用于表明将在低层次加锁的意图。意向锁可以提高锁冲突检测的性能，例如，在表的页或行上请求共享锁之前，先在表级请求共享意向锁，如果在表级请求共享意向锁失败，则无须到行级进行冲突检测，这提高了检测效率。在表级设置共享意向锁之后可防止另一个事务在表上获取排他锁。

意向锁包括意向共享锁（也称 IS 锁）、意向排他锁（也称 IX 锁）以及共享意向排他锁（也称 SIX 锁）。

（1）意向共享锁，表示事务将在低层次资源上加共享锁，比如在一个数据行上加共享锁前，先给表加意向共享锁。

（2）意向排他锁，表示事务将在低层次资源上加排他锁，比如在一个数据行上加排他锁前，先给表加意向排他锁。

（3）共享意向排他锁，表示在当前层次上加共享锁，但是在低层次资源上加排他锁。如果事务对一个数据资源加 SIX 锁，表示当前事务对它加 S 锁，再加 IX 锁。例如，获取表上的 SIX 锁将获取表上的共享锁，以及修改的行上的排他锁。虽然每个资源在一段时间内只能有一个 SIX 锁，以防止其他事务对资源进行更新，但是其他事务可以通过获取表级的 IS 锁来读取层次结构中的低层次资源。

这些锁之间的相容关系可以用表 5-1 来展示。

表 5-1 锁相容关系表

	IS	S	U	IX	SIX	X
IS	Y	Y	Y	Y	Y	N
S	Y	Y	Y	N	N	N
U	Y	Y	N	N	N	N
IX	Y	N	N	Y	N	N
SIX	Y	N	N	N	N	N
X	N	N	N	N	N	N

5.2.2 并发控制原理

基于加锁的并发控制的基本思想为：如果多个并发的事务会更新同一个数据项，那么每个事务在访问之前必须先获得该数据项的锁，以保证数据项每次只会被一个事务访问。在当前事务的锁释放前，其他事务无法加锁成功，从而也就无法访问数据。事务访问完成后，释放锁资源，其他事务可以继续访问该数据项。

1. 并发控制示例

（1）基于加锁的并发控制如何处理脏读。脏读是指一个事务对数据做了修改，但是还没有提交，被另一个事务读取到了，这个事务读取到的是还没有提交的数据，对它的操作结果可能是不正确的。假如原来 t_customer 表内 id 为 10 的行，是一条 {id:10，name:" 王五 "，age:15} 的数据，经过事务 A 修改后变成 {id:10，name: " 张三 "，age:15}。事务 B 在事务 A 提交之前查询该数据，访问结果为 {id:10，name:" 张三 "，age:15}。事务 B 访问到了事务 A 未提交的数据，这个现象就叫作脏读，可以用表 5-2 来展示。

表 5-2 脏读问题

时间点	事务 A	事务 B
1	start transaction	
2		start transaction
3	update t_customerts set ts.name=' 张三 ' where ts.id='10'	
4		select t.name from t_customerts where ts.id='10'
5		commit
6	commit	

引入加锁机制后，解决脏读的过程可以使用表 5-3 来展示。

表 5-3 加锁处理脏读问题

时间点	事务 A	事务 B
1	start transaction	
2		start transaction
3	update t_customerts set ts.name=' 张三 ' where ts.id='10' 对 id 为 10 的记录加排他锁	
4	id 为 10 的记录上的排他锁未释放	select t.name from t_customerts where ts.id='10' 尝试对 id 为 10 的记录加共享锁失败，转而等待
5	commit 释放 id 为 10 的记录上的锁	
6		等待事务 A 的排他锁释放后，加上共享锁，此时才能够读取到结果"张三"

（2）基于加锁的并发控制如何处理不可重复读。不可重复读是指在同一个事务中多次读取同一条数据，得到的结果可能不同。假如原来 t_customer 表内 id 为 10 的行，是一条 {id:10，name:"王五"，age:15} 的数据。事务 B 查询该数据，访问结果为 {id:10，name:"王五"，age:15}，然后事务 A 尝试修改为 {id:10，name:"张三"，age:15}，事务 B 重新查询该数据，读到了"张三"。这个现象就叫作不可重复读。可以使用表 5-4 来展示。

表 5-4　不可重复读问题

时间点	事务 A	事务 B
1		start transaction
2	start transaction	select t.name from t_customerts where ts.id='10' 读取出"王五"
3	update t_customerts set ts.name='张三' where ts.id='10'	
4	commit	
5		select t.name from t_customerts where ts.id='10' 读取出"张三"
6		commit

引入加锁机制后，解决不可重复读过程如表 5-5 所示。

表 5-5　加锁处理不可重复读问题

时间点	事务 A	事务 B
1		start transaction
2	start transaction	select t.name from t_customerts where ts.id='10' 对 id 为 10 的记录加共享锁 读取出"王五"
3	update t_customerts set ts.name='张三' where ts.id='10' id 为 10 的记录加上有共享锁，无法进行修改操作，进入超时检测状态	
4		select t.name from t_customerts where ts.id='10' 读取出"王五"
5		commit 释放 id 为 10 记录上的锁
6	commit 在超时前执行完步骤 3update 操作；完成后，commit 执行成功	

（3）基于加锁的并发控制如何处理丢失更新。丢失更新就是指两个不同的事务在某一时刻对同一数据进行修改，导致前一个事务的操作结果丢失。假如原来 t_acct 表内 acct_id 为 1 的行，是一条 {acct_id:1，acct_bal:10} 的数据，事务 A 将账户 1 增加余额 10 元，修改后变成 {acct_id:1，acct_bal:20}。事务 B 将账户 1 增加余额 20 元，修改后变成 {acct_id:1，acct_bal:30}。由事务 A 所执行的操作在未提交之前被事务 B 修改，事务 B 提交后，事务 A 的修改被冲掉了。这个现象就叫作丢失更新。可以用表 5-6 来表示。

表 5-6　丢失更新问题

时间点	事务 A	事务 B
1	start transaction	
2		start transaction
3	select acct_bal from where acct_id=1 读到的值为 10	
4	acct_bal= acct_bal+10;(20)	
5	update t_acct set acct_bal= 20 where acct_id=1	select acct_bal from where acct_id=1 读到的值为 10
6	commit	acct_bal= acct_bal+20;(30)
7		update t_acct set acct_bal= 30 where acct_id=1 最后更新的结果为 30，事务 A 的更新丢失了
8		commit

引入加锁机制后，解决丢失更新的过程如表 5-7 所示。

表 5-7　加锁处理丢失更新问题

时间点	事务 A	事务 B
1	start transaction	
2		start transaction
3	select acct_bal from where acct_id=1 for update 对 acct_id 为 1 的记录加锁	
4	acct_bal= acct_bal+10;(20)	
5	update t_acct set acct_bal= 20 where acct_id=1	select acct_bal from where acct_id=1 for update 尝试对 acct_id 为 1 的记录加锁，锁等待

（续）

时间点	事务 A	事务 B
6	commit	锁等待
7		加锁成功，读到的值为 20
8		acct_bal= acct_bal+20;(40)
9		update t_acct set acct_bal= 40 where acct_id=1 最后更新的结果为 40
10		commit

上述过程展示了，如何通过对数据加锁的方式来解决读"脏"数据、不可重复读、丢失更新等问题。

示例的场景相对简单，每个事务都只需要对一个资源加锁，如果每个事务需要访问多个资源，处理就会变得相对复杂。当然最简单的办法是让事务 A 先对所有资源加锁，修改数据提交后，再让事务 B 进行访问。这种调度可以保证数据的一致性，但事务的执行变成了串行执行，效率较低，我们需要一种并发的、效率更高的调度方法。经过研究，人们提出了两阶段封锁协议。

2. 两阶段封锁协议

两阶段封锁协议规定如下：

（1）在对任何对象进行读写操作前，事务首先需要获得该资源对象的锁，在释放锁后该事务不能够对该对象进行任何操作。

（2）一个事务一旦释放一个锁，它就不能再获得其他锁。

两阶段封锁分为扩张阶段和收缩阶段。

（1）扩张阶段：在该阶段，事务可以申请获得资源上的任意类型锁，但不能释放锁。

（2）收缩阶段：在该阶段，事务可以释放任何数据项上的任何锁，但不能获得锁。

可以从数学理论上证明，当一个系统内所有的并行事务都遵循两阶段封锁的规则时，该系统内的并行事务是可以串行化的。当采用两阶段封锁协议时，事务 A 一旦开始释放锁，事务 B 就可以开始加锁，而无须等待事务 A 提交，可以提升事务处理并发度，从而提高执行效率。需要说明的是，遵守两阶段封锁协议是系统并发事务可串行化的充分条件而非必要条件，实际可能存在更好的调度方法。

5.2.3 死锁和死锁检测

通过对锁的调度策略，可以解决数据库并发的冲突问题，但是不同的进程同时对资源产生争夺，很容易产生死锁问题。

1. 死锁

死锁主要是由于系统资源数量少于多个进程或服务所需的资源，导致多个进程或服务在调度过程中各自占有一部分资源而无法申请到其他所需资源的场景。死锁产生的核心原因是调度策略不当，当系统的资源分配与各进程或服务的并发执行速度不能匹配时就容易造成死锁。

产生死锁的必要条件是互斥使用资源、占有且等待资源、非抢夺式分配、循环等待资源。死锁问题如果处理不当将严重影响系统的效率和可靠性。

我们可以采用全局等待图（global wait-for graph，WFG）方式检测死锁。WFG 是一个有向图，每个节点代表一个事务，T_i 到 T_j 的边表示 T_i 正在等待 T_j 所拥有的资源，如图 5-2 所示。

当我们在 WFG 中检测出有环路时，就说明该系统目前存在死锁，解决办法就是强行终止回路中的某个事务，释放对应资源，使得该图重新转变为有向无环图。在分布式场景下，资源涉及多个不同的物理节点，WFG 不再属于某个单一节点而是分布在全局多个节点上（见图 5-3），死锁检测难度就大幅增加了。

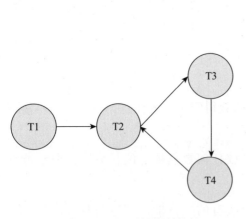

图 5-2　WFG 检测死锁

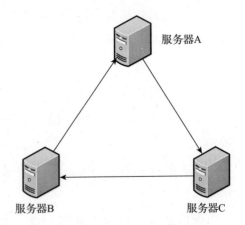

图 5-3　分布式场景下的死锁问题

2. 资源模式

死锁的产生是因为事务对资源的使用产生了争夺，事务申请资源的方式就是资源模式。资源模式分为单资源模式和多资源模式。针对不同的资源模式将采用不同的死锁检测算法。

单资源模式是指每个事务在单一时刻只能有一个申请，也就是只能在一个新的对象上加锁，只有一个锁申请成功后才能够申请下一个锁。对应到 WFG 上就表示每个节点只能有一条向外的边，但可以有多条向内的边。在单资源模式下，一个死锁对应图中的一条环。由于在单资源模式下每个事务最多只会参与到一个有向环中，因此解决死锁问题相对简单，只要废除环中一个事务就可以保证打破环，从而解除死锁。

多资源模式是指每个事务在单一时刻可以并发向多个资源提出申请。在多资源模式下，同一个事务可能会参与到多个环中，单纯取消一个事务并不一定能够消除所有的相关环路。在分布式数据库场景下，嵌套事务或支持并发分布式事务场景就可能是这种模式。

3. 死锁的检测算法

目前死锁的检测算法有很多，基本上可以分为四类：超时法、推路法、基于搜索的方法以及全局状态检测法。

（1）超时法：每个事务在执行前都预估一个最大执行时间，超过该时间事务仍未执行完成就认为发生了死锁。处理也很简单，所有超时的事务都强行终止。超时法的算法很简单，不需要多个数据节点间频繁通信交换状态。但其缺点也很显著：一方面存在误判可能。一个事务出现超时的原因并不一定是死锁，特别是在分布式场景下的网络通信，硬件故障甚至仅仅由于需要处理的数据量过大等都有可能造成事务超时，系统很可能将其误判为出现死锁。超时时间如果设置过短会造成非常多的事务处理被误判、误杀。另一方面为了避免系统误判，一般事务超时时间都会设置得很长，例如半小时以上，这时如果依赖超时进行判断又会导致死锁不能够及时被发现，有可能造成故障扩大化甚至影响其他业务的正常运行。

（2）推路法：在分布式场景下，我们可以按照处理节点将一个大的 WFG 切分为多个子 WFG 组合。首先在每个节点内部通过扫描 WFG 解决对应的死锁检查，WFG 的其余部分被发往相邻节点。这些节点把接收到的其他节点的 WFG 信息合并到本节点的 WFG 内进行检测，再把剩余部分发往其他相邻节点。不过这种方式存在一点问题，那就是由于 WFG 的拆分及发送需要一定时间，因此所有节点的 WFG 检测并不是同时完成的，检测出的死锁有可能是幻象死锁，即某个节点检测到了死锁，但实际上被依赖的资源有可能已经被释放。

（3）基于搜索的方法：该方法并非直接检测 WFG 的环，而是沿着 WFG 的边发送一种特别的"Probe"消息。这又分为两种方法：边追踪法和分散计算法。

1）边追踪法：沿着 WFG 的等待边发送消息，当过了一段时间该节点收到其他节点发送的消息包含本节点事务时，则判断出现死锁。例如 T1 请求在某一对象上执行操作并因其他事务的锁而等待时，就向等待边的节点发送 Probe 消息，该消息内包含本事务信息。每个收到 Probe 消息的事务节点都需要向该事务所依赖的等待边传递该 Probe 消息。经过一段时间如果该 Probe 消息最终回到了创建该 Probe 消息的节点，且该节点内事务依赖的条件仍未解除，则可以认为发生了死锁。这种算法能够较好地避免幻象锁，且通信量较小。但边追踪法对于多资源、模式比较复杂的死锁在某些场景下不一定有效。

2）分散计算法：在该方法中，当事务必须等待锁时，就启动一个分散计算，如果计算终止则判断出现死锁。具体做法是有向图的一个节点向后续节点发送消息开始分散计算，后续节点则向它的后续节点传递消息，后续节点向祖先节点反馈消息。这样发起分散计算的祖宗节点就有足够的信息判断是否出现死锁。分散计算由于通信量较多，因此不合适于单资源模式，比较适合于解决边追踪法无法处理的复杂死锁问题。

（4）全局状态检测法：在分布式场景下死锁问题检测的困难主要就在于，由于系统物理分布，因此缺乏一个地方能够整体看到全局的资源分配情况。全局状态检测就是利用各节点主动上报局部 WFG 给某个协调节点，协调节点将局部 WFG 整合成为全局 WFG。每个节点维护自己的本地 WFG，当局部 WFG 有边加入或删除时，本地节点将向协调节点发送报文，协调节点对全局 WFG 进行更新操作。为了保证本地信息与协调节点信息的一致性，本地节点每隔一段时间还会上报自上次上报以后的更新情况。当协调节点认为有必要运行回路检测算法时，为了保证信息为最新信息，协调节点可以要求所有节点主动发送局部图更新信息。当需要检测死锁时，系统就可以在协调节点上进行本地查找，因为协调节点已经拥有全部分布式系统所有节点的信息了。

全局状态检测法比较简单，但存在两个问题：①协调节点是系统单点，故障后将影响所有节点；②需要随时同步协调节点与各节点的数据状态，网络通信量开销大。

综上所述，在分布式场景下死锁检测是解决分布式并发访问的技术关键，主要分为集中式检测和分布式检测两大思路。在使用集中式检测时，死锁检测程序运行在独立的站点上，全部潜在的死锁循环都发送给该站点，逻辑简单但是存在效率不高的问题；而在分布式检测中，不存在这样的站点，每个站点都具有同样的责任，死锁检测程序需要一种规则来决定把潜在的死锁循环发往哪个站点，检测效率和算法优劣强相关。全局状态检测法是典型的集中式检测，基于分散计算的搜索检测方法是典型的分布式检测。

由于分布式通信的引入，在保证性能的前提下获得所有节点的状态一致数据就成为奢望，实际应用时需要在处理性能、误判率、死锁监测与恢复速度间达成一定的妥协。

在应用层角度，我们也可以强制要求应用遵循一定的策略来规避死锁的可能。例如一个事务需要对多个资源 A、B、C 获取锁资源，如果可以保证锁申请的顺序在所有事务中是一致的，如都是 A → B → C 这样的顺序，则可以保证不会出现死锁。因为不会存在获取到排列在前面的资源锁但无法申请到后面资源锁的场景。

5.3 基于时间戳的并发控制

5.3.1 时间戳类型

基于时间戳的并发控制算法并不试图通过互斥来支持串行性，而是选择一个事先的串行次序依次执行事务。为了建立这个次序，在每个事务初始化时，事务管理器将给每个事务 Ti 分配一个在整个系统中唯一的时间戳 $ts(Ti)$。唯一性只是时间戳的一个属性，另外一个属性是单调性，同一事务管理器所产生的两个时间戳将是单调递增的。根据产生方式的不同，分布式系统中的时间戳可以分为全局时间戳和局部时间戳。

1. 全局时间戳

使用全局集中的单调递增的计数器来产生时间戳，确保时间戳是全局唯一且有序的。全局的计数器维护是个难题，Google Spanner 采用 GPS 时钟统一方式并且在每个事务内跨节点操作时保证时间间隔大于时钟误差来保证全局时间戳唯一有序。

2. 局部时间戳

每个站点基于其本地计数器自治地指定一个时间戳。为保持其唯一性，每个站点向计数器值附加其自身站点的标识符。这时时间戳标识符由两部分组成：本地计数器值、站点标识符。

5.3.2 并发控制原理

使用时间戳法进行分布式并发控制的原理是：事务的每个动作都有一个全局唯一时间戳，对事务的并发操作就可以按照时间戳顺序串行执行。假定存在 n 个并发事务 T1，T2，…，Tn，事务之间没有冲突，这些事务可以并发执行。如果事务 Ti 和 Tk 的两个操作 Q_{ij} 与 Q_{kl} 存在冲突，那么当且仅当 $ts(Ti) < ts(Tk)$ 时，Q_{ij} 在 Q_{kl} 之前执行。如果两个或多个事务发生冲突，无法通过时间戳来判断先后顺序，则通过撤销并启动一个新的事务来规避，新的事务启动后将分配一个新的时间戳，与之前的事务就不会发生冲突了。

将上述过程详细描述如下：

（1）每个事务在本站点开始时赋予一个全局唯一时间戳。

（2）事务的每个读操作或写操作都具有该事务的时间戳。

（3）对于数据库中的每个数据项 x，记录对其进行读操作和写操作的最大时间戳，分别记为 RTime(x) 和 WTime(x)。

（4）如果事务重新启动，则被赋予新的时间戳。

采用时间戳法的最大优点就是确保了所有有冲突的操作在所有节点上都是按时间戳顺序执行的，因此也可以保证是正确的。由于没有了锁的操作，因此不会再有死锁问题，任何一个事务都不会阻塞，如果某事务不能执行就重新启动，而不是等待。时间戳法不能够规避事务冲突问题，而且由于规避冲突的办法是重新启动事务，因此造成的结果是事务重新启动过多。

5.3.3 优化与改进

对标准时间戳法的一种改进是保守时间戳法，基本思想是先把事务的所有操作存在缓冲区中，将缓冲区中的操作基于时间戳进行排序，再基于排序后的顺序执行缓冲区中的操作。这种方式可以大幅度减少事务重启的次数。

5.4 多版本并发控制原理

多版本并发控制的基本思想是保存数据项的多个版本，当事务请求访问数据项时，系统会根据当前是否有写事务正在处理，选择一个合适的版本返回给读请求，这使得系统可以接受在其他技术中被拒绝的一些读操作。当事务更新数据项时，会产生一个新的数据版本，老的数据版本仍然被保留。

在多版本并发控制方法中，每个数据项 X 都保留了多个版本 $X_1, X_2, X_3, \cdots, X_k$。对于每个版本，系统将保存版本 X_i 的值和以下两种时间戳：

ReadTime(X_i)：X_i 的读时间戳。它是所有成功读取版本 X_i 的事务的时间戳中最大的一个。

WriteTime(X_i)：X_i 的写时间戳。它是写入版本 X_i 的事务的时间戳。

只要允许一个事务执行 write(X) 操作，就会创建数据项 X 的一个新版本 X_{k+1}，并且将 WriteTime(X_{k+1}) 和 ReadTime(X_{k+1}) 的值都置为事务的时间戳 $ts(T)$。相应地，当一个事务 T 被允许读版本 X_i 的值时，ReadTime(X_i) 的值被置为当前 ReadTime(X_i) 和 $ts(T)$ 中较大的一个。为确保事务的可串行性，可以采用下面两条多版本规则。

规则 1：如果事务 T 执行一个 write(X) 操作，并且 X 的版本 X_i 具有 X 所有版本中最高的 WriteTime(X_i)，同时 WriteTime(X_i)$\leqslant ts(T)$ 且 ReadTime(X_i)$> ts(T)$，即 WriteTime(X_i)$\leqslant ts(T) <$ ReadTime(X_i)，这表明有更新的事务已经读取版本 X_i，那么撤销并回滚 T；否则创建 X 的一个新版本 X_k，并且令 ReadTime(X_k) = WriteTime(X_k)=$ts(T)$。

规则 2：如果事务 T 执行一个 read(X) 操作，并且 X 的版本 X_i 具有 X 所有版本中最高的 WriteTime(X_i)，同时 WriteTime(X_i)$\leqslant ts(T)$，那么把 X_i 的值返回给事务 T，并且将 ReadTime(X_i) 的值置为 $ts(T)$ 和当前 ReadTime(X_i) 中较大的一个。

在多版本并发控制中，更新并不改变数据库中的数据，每个写操作都创建一个数据项的新版本。每个版本都被赋予创建它的事务的时间戳，通过这种方式，每个事务都会在正确的数据库状态下进行处理，多版本技术的一个明显缺点是增加了额外的存储空间，但对于那些本身就要使用数据库对象的多个版本的应用程序而言，多版本技术就是一个非常合适的并发控制技术。

5.5 乐观并发控制

截至目前，本书介绍的并发控制算法本质上都是悲观的。换句话说，它们假设事务之间的冲突是比较频繁的，它们不允许两个事务同时对一个数据进行访问。每个操作都要按照验证、读、计算、写四个步骤进行。比如，在基于加锁的并发控制技术中必须检查要访问的数据是否已经被封锁，在基于时间戳的并发控制中必须检查事务的时间戳与数据版本的读写时间戳之间的关系，这些检查操作增加了事务的开销，降低了事务执行的效率。

乐观并发控制对于冲突操作不像悲观方法那样事先判断，而是让事务先执行，检查执行结果是否符合预期，如果符合预期则执行成功，如果不符合预期则根据一定的规则重新处理。乐观方法改变了通常事务执行四个阶段的顺序。

（1）读阶段：事务从数据库中读取数据。

（2）计算阶段：事务对读取的结果进行计算，并确定将要更新的数据项的新值，但暂时不写入数据库。

（3）验证阶段：检查事务对数据库的更新是否可以保证数据库的一致性。

（4）写阶段：如验证成功，则把事务的更新应用于数据库，否则就取消事务并重启事务。

比较悲观方法与乐观方法的执行顺序我们可以看出，悲观方法必须在操作开始前锁住相关资源，确保成功加锁才开始相关操作。而乐观方法则首先尝试进行操作，操作完成后验证结果是否符合预期。乐观方法没有加锁操作，减少了加锁操作的开销，但是若验证不符合预期，事务需要重启，因此乐观方法更适用于如下场景：冲突的事务是少数，比如以查询为主的系统或者各个事务更新不同的数据。

具体实现可以通过给数据表添加自增的 version 字段或时间戳（Timestamp）。在进行数据修改时，数据库会检测 version 字段或者时间戳是否与原来的一致。以表 5-8 增加自增 version 字段为例说明乐观并发控制方法。

表 5-8 乐观锁示例

时间点	事务 A	事务 B	version 值
0	begin	begin	1
1	提出修改：update t_account t set t.money=t.money+100 where t.name ='a' and version=1	提出修改：update t_account t set t.money=t.money+100 where t.name ='a' and version=1	1
2	commit		校验事务 A 与 version 值，version 字段值都为 1，通过提交内容，version 字段值更新为 2
3		commit	校验事务 B 与 version 值，事务 B 提交前的 version 字段值为 1，但当前 version 值为 2，禁止事务 B 提交。抛出异常让用户处理

时间戳与 version 字段的判断都一样，时间戳记录的是当前时间。提交前数据库会校验提交前的时间戳是否与当前的一致，若一致则更新数据，同时更新时间

戳；否则就抛出异常，让用户处理。

5.6 分布式并发控制实践

本章前几节介绍了基于加锁、基于时间戳、多版本和乐观方法等几种并发控制技术，这几种并发控制技术在单机数据库和分布式数据库上都有应用。表 5-9 是各种并发控制技术的横向对比。

表 5-9 并发控制技术对比表

	优 势	劣 势
锁并发控制技术（悲观锁）	数据安全得到保障，适用于冲突较高时的场景	产生额外的开销，在数据冲突较低时效率较低
时间戳并发控制技术	通过时间戳保证事务不会冲突，且不会产生死锁	当冲突较大时，会带来更多的事务重启
多版本并发控制	通过保存多版本数据，使大部分操作都不需要加锁，提升性能	多版本机制会占用额外的存储空间，增加更多的检查和查询路径
乐观并发控制技术	在并发事务不产生冲突时，效率较高，占用资源较少	在数据冲突时需要进行事务回滚

在具体实现分布式数据库时，我们综合几种并发控制技术的优点，采用单机并发控制与全局并发控制相结合的方法实现了高性能的分布式分层并发控制方案（以下简称本方案）：在数据节点中以基于加锁的并发控制为主，在分布式全局事务上使用基于时间戳（全局事务 ID）的并发控制。本方案如图 5-4 所示。

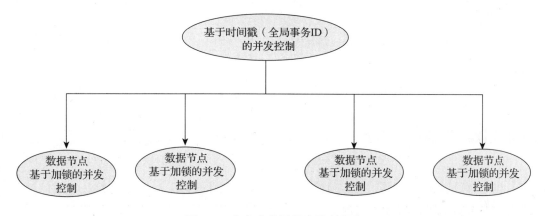

图 5-4 分布式分层并发控制方案

我们将全局事务拆分为多个在数据节点上执行的子事务。乐观提交机制的做法是直接在各数据节点上执行各子事务，并在事务中记录全局事务 ID，在事务管理器上对各数据节点的子事务执行结果进行汇总，如果所有子事务均执行成功，则事务就可以全局直接结束，并在全局事务中心标记该全局事务状态为已提交。如果有任何子事务执行失败，系统将根据之前在各数据节点提交的事务内容，自动构造反向补偿事务，并在所有成功提交的数据节点上执行补偿事务。

我们有理由认为，在一个正常运行的系统中，正常执行的事务比例远远高于异常事务，因此对于大部分事务我们都不需要执行补偿操作。由于正常事务前半部分的多个子事务是在多个数据节点并发提交执行的，因此可以认为采用这种方法的总体性能与单节点事务相当。

分布式乐观锁本质上是一种最终一致性解决方案，在执行过程中系统可能会出现中间状态。为保证系统的实时读一致性与隔离性，我们有两种做法：一种是如果读请求的结果集中包含全局未提交事务 ID，则我们放弃该读请求结果，并等待对应全局事务结束后尝试再次读取。另一种则是采用全局多版本并发控制（MVCC）机制，读请求同时获取多个版本，如果当前版本包含未提交事务，则取上一条已提交事务版本的结果作为结果集。

具体实现过程是为每个分布式事务分配一个单向递增的全局事务 ID，在正常过程中进行单向提交。资源管理器按照如下过程更新数据：

（1）满足条件的记录上无锁，且事务不活跃，加锁并修改记录，将记录的事务 ID 更新为自身事务 ID。

（2）满足条件的记录上有锁，按照单机锁超时机制处理。

（3）满足条件的记录上无锁，但数据涉及的事务处于全局活跃状态，按照全局锁冲突机制处理，等待并多次重试。

如此获得高性能的事务强一致性提交。在发生异常时，由于有预锁机制保护，只需要根据数据库日志进行回滚操作即可恢复数据。

分布式读的一致性，通过全局事务管理器加分布式多版本并发控制获得。在脏读隔离级别下，分布式读操作不需要进行锁等控制，直接读取满足条件的记录。在已提交读隔离级别下，需要进行如下控制：

（1）满足条件的记录上有排他锁，从 UNDO 空间中读取数据。

（2）满足条件的记录上无排他锁，且记录中的事务 ID 不活跃事务，直接读取，否则从 UNDO 空间中读取数据。

在可重复读隔离级别下，需要进行如下控制：

（1）满足条件的记录上有排他锁，从 UNDO 空间中读取数据。

（2）满足条件的记录上无排他锁，且记录中的事务 ID 活跃事务，从 UNDO 空间中读取数据，否则从本记录开始读取数据。

（3）在读取数据时，遍历本地数据或者 UNDO 链上的记录，只读取记录中的事务 ID 小于或等于当前事务 ID 的版本。

在可序列化隔离级别下，在读取数据的同时需要在记录上加共享锁，同时需要进行如下控制：

（1）在读取满足条件的记录时，加锁且无锁冲突，无活跃事务冲突，返回成功记录。

（2）在读取满足条件的记录时，加锁且有锁冲突，由单机数据库进行锁冲突控制。

（3）在读取满足条件的记录时，加锁且无锁冲突，有活跃事务冲突，返回成功记录以及冲突的活跃事务列表（分布式预锁机制）。

（4）在读取满足条件的记录时，加锁且有锁冲突，有活跃事务冲突，先由单机数据库进行锁冲突控制，锁冲突解决后返回成功记录以及冲突的活跃事务列表。

在分布式数据库中，我们采用全局死锁检测与本地死锁检测相结合的方式，提出了层次化死锁检测机制。

如图 5-5 所示，在每个数据节点上，我们通过局部死锁检测器实现本地事务死锁检测（由本地数据节点实现）。而在上层协调节点上我们实现了跨节点死锁检测机制。目前实际上实现了两层，但理论上可以将该方法扩展到多层死锁检测。

本方案在脏读、已提交读、可重复读隔离级别下，读写不冲突，可以获得极高的读取性能，提交阶段采用一阶段乐观提交、自动补偿机制，极大地降低了事务冲突概率，提升了系统并发执行的效率。

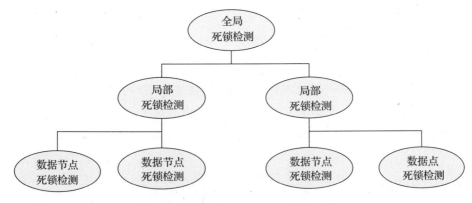

图 5-5 分布式数据库全局死锁检测

5.7 本章小结

本章首先介绍了数据库并发控制的概念及其重要性，然后分别介绍了主流的并发控制方法及其优缺点。最后重点介绍了中信银行分布式数据库在分布式并发控制方面的实践，并对其优缺点进行了详细分析。

5.1 节概要介绍了并发控制的概念及其解决的主要问题。

5.2 节介绍了基于加锁的并发控制的相关概念和主要原理。

5.3 节介绍了基于时间戳的并发控制的主要原理及特点。

5.4 节介绍了多版本并发控制的主要原理及特点。

5.5 节介绍了乐观并发控制技术的原理、特点及使用场景。

5.6 节介绍了中信银行分布式数据库的分布式并发控制方案，我们使用全局事务 ID 作为数据的版本，结合一阶段乐观提交和自动补偿机制，实现了高性能的分布式并发控制方案。

第 6 章

数据批量处理

6.1 数据导入导出

数据导入导出一般用于系统间的数据迁移，高德纳调研结果显示，95% 的受访企业都认为数据迁移是块"硬骨头"，让人头痛却又不得不面对。[13]

数据迁移小到导入导出一部分数据，大到数据割接、数据库迁移式升级、数据的分库、海量数据的迁移等，使用场景十分丰富。以金融行业为例，对数据导入导出的常用场景介绍如下。

1. 数据库升级

通常用于异构数据库升级，如将 DB2 数据库替换为 Oracle 数据库，在这种情况下，由于不同类型的数据库间数据文件不兼容，无法直接进行应用程序的升级，因此需要通过导入导出的方式完成数据库升级。当然，有时同类型的数据库升级也需要通过数据导入导出的方式处理，这种情况在开源数据库中更常见，不同版本间未考虑数据文件的兼容性。而对于商用数据库，当版本跨度较大时，也可能会出现数据文件不兼容的情况，需要使用导入导出的方式进行数据处理。

2. 表结构发生变化

有时在业务升级时，我们需要同时修改数据库中的表结构，以支撑业务逻辑的变化，如增加或删除表字段，这时首先想到的方法是直接执行修改表结构的 DDL

语句（Alter Table），但该语句通常很慢。比如在 MySQL 数据库中增加或删除字段可能会引发数据库的表拷贝，效率很低，又比如在 DB2 数据库中 Alter Table 执行完后需要执行 Reorg 命令，总体也很耗时。在 DB2 数据库测试环境中，对 5000 万条数据的表进行删字段处理，需要耗时 3 小时左右，这在生产环境中是无法忍受的，此时我们更偏向于导出导入的方式，即将数据从老表中导出，再导入至新表，在相同的测试环境中 5 分钟即可完成，大大节约了时间。

3. 数据批处理

在生产环境中，经常要在夜间对当日生产数据进行批量处理，如前文所述从各个交易系统中导出数据，将数据加工处理成各系统需要的格式，然后分发给各个分析报表系统。

可见数据导入导出功能十分常用，本节先简单介绍传统集中式数据导入导出及常用工具，再介绍分布式数据库系统的数据迁移实现，最后以 DB2 数据库至分布式数据库的数据迁移为例，介绍数据迁移实施细节。

6.1.1 导入导出概述

数据导入一般是指将外部数据源导入至数据库的表中，在大多场景下数据源为某种格式的文本文件。

数据导出的输出一般包括库表等数据字典信息的导出和具体数据的导出。前者的导出格式一般为 SQL 格式，而后者的导出格式可以包括 SQL 导出、文本导出（txt、csv 等）等。本节重点关注数据的导出。

市面上每款数据库产品均配备有自己的数据导入导出工具，简单介绍如下。

（1）SQL Server：包括命令行模式的 BCP 实用工具、使用 T-SQL 语法直接导出数据以及更加易用的可视化工具，如可视化的数据导入导出向导。

（2）Oracle：在数据量较小的情况下，EXP/IMP 是比较理想的数据迁移工具。在数据量中等的时候可以选用 Data Pump，当然还有 SQL*Loader 等工具用于不同场景下的数据导入导出。

（3）DB2：包括 IMPORT、EXPORT、LOAD 等命令工具。

（4）同时还有诸多开源工具可以实现异构数据库之间的数据导入导出，比如常用的 ETL 工具 Kettle，后面将对其重点介绍。

ETL 工具 Kettle

ETL(extract-transform-load)，即数据抽取、转换、装载，用来描述将数据从来源端抽取、转换、装载至目的端的过程，它能够按照统一的规则集成并提高数据的价值，负责完成数据从数据源向目标数据库的转化。

Kettle 是一款国外开源的 ETL 工具，纯 Java 编写，绿色无须安装，数据抽取高效稳定，常用于数据迁移。Kettle 允许用户管理来自不同数据库的数据，并提供一个图形化的用户环境来描述你想做什么。Kettle 中有两种脚本文件，即 Transformation 和 Job，Transformation 完成针对数据的基础转换，Job 则完成整个工作流的控制。

Kettle 支持丰富的数据映射转换方式及多种形式的数据输入输出，对输入输出数据源介绍如下：

（1）数据库数据，支持多种关系型、非关系型数据库，如 MySQL、Oracle。

（2）文本数据，常见的文本格式，如 txt、xml 等。

（3）系统自动生成的数据，包括人工在转换时添加的数据。

Kettle 是常用的数据迁移工具，比如当需要在源和目标数据库之间实现简单的字段转换时，就可以在 Kettle 中选择需要的表字段，进行字段名称的对应，然后将数据存入另外的数据库中。

6.1.2 分布式导入导出实践

分布式数据库数据导出是指将分布式数据库中符合查询条件的记录导出到指定的数据文件中。数据导入是指将数据迁移至分布式数据库系统中，在银行业务场景中，在进行数据导入时我们的关注点包括：

（1）数据导入对在线应用的影响小。

（2）数据的分布式存储，能根据期望的表分布规则，自动将数据分发至对应存储节点。

（3）能实现高性能的数据导入，降低对系统网络带宽、I/O 等资源的占用。

（4）导入工具灵活可视，易用性好。

（5）容错性高，能最大限度地完成数据导入，自动剔除错误记录，并给予提示。

1. 逻辑架构

在分布式数据库中，导入导出组件能根据表定义的分布规则，自动完成原始数据文件到多个数据节点的拆分、文件传输及数据导入，如图 6-1 所示，主要包括以下几个组件。

（1）导入导出组件：是分布式数据库导入导出功能的核心模块，是与外部系统的数据交换入口。其主要提供如下功能：

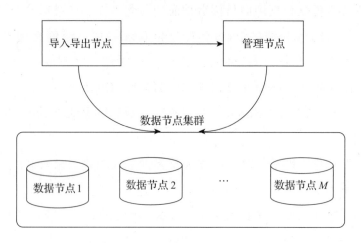

图 6-1 分布式数据库导入导出架构

1）接收用户批量导入命令，根据数据分布策略，将待导入的数据文件进行拆分，并利用管理节点协调各个数据节点完成数据导入功能。

2）接收用户批量导出命令，根据数据分布策略利用管理节点协调各个数据节点完成导出操作，并汇总各个导出的子文件至用户指定的导出目录。

（2）管理节点：是分布式数据库导入导出的协调节点，包括元数据管理器和数据节点管理器。其提供的功能如下：

1）元数据管理器。保存数据库集群的数据字典信息，在导入场景中，导入导出组件根据待导入表的元数据信息进行数据文件的解析和拆分；在导出场景中，导入导出组件根据待导出表的元数据信息到相应的数据节点实施数据导出。

2）数据节点管理器，管理集群内部各个数据节点，对导入导出组件屏蔽掉多个数据节点导入导出的复杂协调过程。

（3）数据节点：是分布式数据库导入导出具体的操作实施节点，功能包括如下几个方面：

1）执行具体数据的导入导出操作，将数据导入至数据节点或将数据从数据节点导出。

2）在导入操作中从导入导出节点下载数据文件。

3）在导出操作中将导出的子数据文件上传至导入导出节点指定目录。

2. 流程简介

现在我们对数据导入整体流程介绍如下：

（1）导入导出组件接收到用户导入命令，包含待导入的库表信息等。

（2）导入导出组件根据指定的集群信息、库名和表名信息到管理节点查询对应表的元数据信息，包括表结构定义和数据分布信息。

（3）导入导出组件结合元数据信息遍历读取数据文件，将数据行拆分转移至对应的数据安全组子数据文件中，直到原始数据文件扫描结束。

（4）导入导出组件通过管理节点通知各个数据节点下载属于自身数据安全组的拆分数据文件。

（5）子数据文件下载成功之后进行数据导入。

（6）导入结果最终汇总反馈给用户。

对数据导出整体流程描述如下：

（1）导入导出组件接收到用户导出命令，命令包含待导出数据的具体信息。

（2）导入导出组件根据指定的集群信息、库名和表名等信息到管理节点查询对应表的元数据信息，包括表结构定义和数据分布信息。

（3）导入导出组件根据表的分布情况拼接出完整的导出命令下发至管理节点。

（4）管理节点通知各个数据节点执行导出命令。

（5）数据节点导出成功后将各个导出文件上传至导入导出组件指定目录。

（6）导入导出组件汇总合并子数据文件并通知用户。

3. 关键技术

在了解了分布式数据库的导入导出功能的主要流程交互后，下面进一步介绍导入导出组件涉及的关键技术。

（1）数据文件切片技术。系统外部输入的文件通常是多个大文件，并不是按照表分布策略拆分后的子文件。导入导出组件需要根据表的元数据信息及分片信息，遍历整个数据文件，自动找到分片列，并将其存放至归属的数据安全组数据文件中。其中分片字段的类型十分丰富，可以是任意常用的数据类型，分片方法也非常多样化，导入导出组件支持的数据切片方法和计算节点必须规则一致。常见的数据切片方法如下，对每种数据切片规则的详细介绍请参考 8.2 节。

1）在特定的数据安全组列表上按哈希分布。

2）在特定的数据安全组列表上按范围分布。

3）在特定的数据安全组列表上按列表分布。

4）在特定的数据安全组列表上按复制分布。

5）在特定的数据安全组列表上按多级分布。

（2）导入导出操作的高性能设计。导入导出操作对时间要求很敏感，通常数据量又极大，因此在系统设计实施过程中需要考虑导入导出的效率问题，同时要考虑导入导出对 I/O 等系统资源的影响。通常要考虑如下因素：

1）各实施步骤的并发性。最大限度地将文件的拆分、传输和导入并发起来。实施时可以在导入导出组件进行文件拆分的同时，将拆分好的文件传输至数据节点，数据节点下载获取到文件后立即实施文件导入，以便最大限度地达成流程的高度并发。

2）减少对 I/O 资源的消耗。从上文的描述中可以看出整个实施过程存在多次 I/O 读写。可以通过多种途径来降低 I/O 资源的消耗，如导入导出组件直接远程将数据导入数据节点，同时在工程实施时可以在数据节点上挂载额外的导入导出专用磁盘，这样可以避免导入导出操作对数据节点 I/O 资源的争抢。

3）减少网络资源的消耗。网络是个很重要的因素，数据导入导出过程会涉及各个组件节点间的文件传输，在实施过程中应做流量控制，避免对系统的网络资源造成大的争抢。

（3）导入导出的容错设计。导入操作耗时长，对系统资源占用多，且通常是将外部系统的数据文件导入分布式系统中，而外部的文件往往会有异常数据。因此导入操作经常会遇到错误，常见的异常包括以下几点：

1）非空约束或主键冲突导致的数据导入失败。

2）数据文件异常，如字段为空、特殊字符、分隔符等导致数据导入失败。

3）断网、操作系统重启等各种系统异常导致的导入导出中断。

在系统设计过程中应充分考虑这些异常的处理，最大限度地完成数据的导入，避免本就耗时耗力的迁移过程更加费时。设计建议如下：

1）在拆分阶段遇到异常数据时能将异常数据分拣出来，并记录其在原始数据文件中的位置信息，便于用户加工处理。同时拆分流程继续，不因为异常停止，直至完成整个待导入文件的拆分。

2）在系统传输等过程中有异常重试机制，最大限度地保证导入成功。

3）在导入阶段遇到异常数据时将异常数据筛选出，或将整个异常子文件筛选出，同时记录其在原始数据文件中的位置信息，导入流程继续。

4）在发生导入导出组件重启等系统异常时，能从异常时刻位置继续执行导入流程，而不用重新开始。

5）原始文件空值处理。有时会遇到原始文件中某些字段缺失的情况，如有必要可以支持类似 Oracle 数据库的末尾列缺失时自动补空值的功能，提升系统容错能力。

4. 使用实例

数据迁移的使用场景非常多，对应的解决方案也很多，本小节以 DB2 数据库至分布式数据库的数据导入为例，说明将数据导入分布式数据库系统中需重点关注的问题。

从 DB2 数据库至单机数据库的数据迁移，一般有成熟的工具可供选用，如前文所述的 Kettle、Navicat 等。但这些工具不支持数据自动分片，无法将记录自动分发至目标数据节点，无法实现至分布式数据库的数据导入，这里使用分布式数据库导入导出组件完成迁移，主要包括如下工作。

（1）前期准备：

1）库表定义转换。由于源数据库和目标数据库存在差异，数据类型和长度也有所不同，因此存在不兼容的语法点，需要将表结构定义做转换。重点关注数据约束的差异、数据类型的差异、表分区定义的差异、索引类型的差异等。

2）其他准备。如数据迁移使用的硬盘、数据备份等。

3）将数据从 DB2 数据库中导出。注意数据导出时应尽量将数据导出成目标数据库可处理的格式，如时间类型的格式等。

（2）将数据导入分布式数据库系统。将数据文件上传至分布式数据库导入导出组件服务器，使用导入导出组件将数据导入至分布式数据库各数据节点。

（3）我们在迁移过程中碰到的主要问题列举如下：

1）Blob 类型数据的处理。在 DB2 数据库中，较小的 Blob 类型数据可以像普通字段类型一样导出，但当 Blob 类型数据长度大于 2K 时，它将无法以十六进制编码格式和其他普通类型数据存放在同一个文件中，即 Blob 类型数据将存放在单独的文件中，而我们的数据节点是不识别该种文件格式的，此时需要对导出的数据文件做额外的合并处理，也可以将该处理功能封装至导入导出组件中自动处理，将其转换为数据节点可处理的文件格式。

2）从 DB2 数据库中导出的数据存在乱码等异常数据。在这种情况下原始数据本身存在问题，分布式数据库系统在碰到该种异常数据后会将异常数据剔除并输出到单独的目录，用户需手工进行数据的修正处理，再将修复后的文件导入系统中。

（4）迁移验证。数据迁移结束后，必须核实目标数据的完整性。常用的方法如下：

1）行计数。对源数据库和目标数据库的记录行数进行比对。

2）数据检查。按照一定的规则从 DB2 数据库中导出数据到文件 A 中，按照同样的规则从分布式数据库中导出数据到文件 B 中，文件 A 与文件 B 通过 diff 进行比对，保证迁移前后数据值的正确性。在具体实施时小表可以全表校验，大表可以抽样校验。

3）应用测试。使用应用程序对目标数据库的副本进行测试，对数据进行检查展示，确保数据的完整性。

6.2 存储过程

存储过程（stored procedure）是在大型数据库系统中，一组为了完成特定功能的 SQL 语句集。存储过程在数据库中，经过第一次编译后再次调用时不需要再次编译，用户通过指定存储过程的名字并给出参数（如果该存储过程带有参数）来执行它。存储过程可以接收和输出参数，返回执行存储过程的状态值，还可以嵌套调用。存储过程是数据库中的一个重要对象，数据库应用程序普遍都会用到存储过程，尤其是在逻辑比较复杂的业务场景中，目前主流的数据库均支持存储过程。

6.2.1 存储过程概述

存储过程的定义通常包括变量声明、SQL 命令、一般流程控制命令（if……else……，while……）以及内部函数。与一般 SQL 语句相比，存储过程具备如下特点：

（1）存储过程可以接收参数，并可以返回多个参数给调用者。

（2）可以包含执行数据库操作的编程语句，也可以进行存储过程嵌套调用。

（3）可以向调用返回状态值，以反映存储过程的执行情况。

如下为一个 MySQL 存储过程的简单示例：

```
1. CREATE PROCEDURE simpleproc (IN a INT, OUT param1 INT)
2. BEGIN
3. insert into t values(@a);
4. SELECT COUNT(*) INTO param1 FROM t;
5. END
```

存储过程具备诸多优点，是大型应用系统中常用的功能，主要的优势包括以下几个方面。

（1）良好的封装性：存储过程可以理解为封装好的用于操作数据库对象的方法，用户只需要知道它的输入输出参数并理解其实现功能即可。同时，针对复杂逻辑，应用已经测试好的存储过程，可以反复使用，不容易发生错误。

（2）执行效率高：存储过程只在定义时进行编译，以后每次执行存储过程都不需再重新编译，而一般的 SQL 语句每执行一次就编译一次，所以使用存储过程可提高数据库操作的执行速度。

（3）节约系统资源：当对数据库进行复杂操作时，如果用应用程序来完成，通常是多条 SQL 语句，可能要多次连接数据库；但如果将复杂操作用存储过程封装起来与数据库提供的事务处理结合在一起使用，这些操作只需要连接一次数据库就可以了。而且相比多条 SQL 交互，存储过程可以只返回最后的执行结果集，大大节省了网络开销，比如在批处理场景中，应用可以直接在数据库服务器上通过存储过程进行数据处理，将处理结果写入结果表，无须将中间数据甚至结果数据查询至客户端，避免了和数据库服务器之间的多次网络交互。

（4）安全性：存储过程的权限控制很灵活，可以通过向用户授予对存储过程（而不是基于表）的执行权限，从而实现对特定数据的访问；同时存储过程可以提高代码安全性，降低 SQL 注入的风险。

当然存储过程也有一些缺点，主要包括以下几个方面：

（1）可移植性差。由于在很多使用场景中，存储过程实际上封装了很多业务逻辑，比较复杂，因此使用存储过程来封装业务逻辑将限制应用程序的可移植性。在我们的实际生产环境中，应用在不同数据库之间迁移的最大难点就是存储过程的迁移，因此如果应用程序的可移植性在系统设计中非常重要，那么在使用存储过程的时候就要慎重考虑。

（2）业务逻辑分散。存储过程语言并不是通用编程语言，因此业务功能通常需要存储过程结合宿主语言实现，不可避免地会造成一部分业务逻辑在宿主语言中实现，而另一部分在数据库服务器中实现，不利于后续应用系统的维护。

（3）日志能力不足。大部分数据库的存储过程无法直接操作文件系统，因此，日志必须记录在某个预设的表中。而不同模块、不同功能的存储过程，其日志记录的要素不尽相同，这对日志表的设计提出了很高的要求。更重要的是，对于不提供自治事务能力的数据库引擎而言，记录日志本身就非常困难，比如，对于一个循环处理记录的事务，日志需要记录关键处理步骤以及错误信息，假定处理过程中发生错误后需要回滚，则已经记录的关键步骤信息以及错误信息也将被回滚。

6.2.2 分布式存储过程实践

分布式数据库实际上是通过分片技术把数据库横向扩展到多个物理节点上，以提升系统的容量、可靠性、性能及并发吞吐量，然而分割到多个物理节点上的数据实际上可能存在逻辑关系。为了充分发挥分布式数据库的优势，需要在数据模型设计时就对数据进行良好的分割，以避免跨节点的数据关联。

存储过程从某个角度可以理解为一批 SQL 语句，这时不仅要考虑单条 SQL 语句涉及的表数据分布情况，还要考虑 SQL 之间的数据关联，这就对数据模型设计提出了更高的要求。

理想中一个完美的分布式存储过程应具备的特点可以概括为"对应用透明"，即分布式存储过程可以屏蔽数据分片对应用的影响，在功能上和单机数据库存储过程一致，在性能上对比单机数据库可以做到线性扩展。应用可以像在单机数据库上使用存储过程一样去使用分布式存储过程，而完全不必关心分布式数据库的数据分片情况。然而要完整地实现这样的分布式存储过程十分具有挑战性，技术难点可以概括为如下两点：

（1）性能要求。真正的分布式存储过程就是要在计算节点上实现存储过程，即计算节点解析存储过程的每条 SQL 语句，将其下发至对应的数据节点处理，而这本身会造成计算节点和数据节点多次的数据传输，这对性能是一个极大的挑战。用户选择使用存储过程的初衷之一便是存储过程具备较高的执行效率且可以节省系统资源，从这个角度看这两者是冲突的。

（2）计算节点要实现完整的存储过程处理机制，如实现完善的存储过程编译器，能根据 SQL 语句的类型、特点、数据分布情况生成最优的存储过程执行计划。

正因为存在上述技术难点，业界的分布式数据库尚没有真正实现分布式存储过程的案例。但在实际生产场景中很多应用可以通过良好的数据模型和存储过程设计来避免 SQL 语句间跨节点的数据关联。基于这点考虑，我们设计实现了直接下发至数据节点执行的分布式存储过程方案，该方案虽然无法做到对应用的完全透明，但可以满足很大一部分应用，同时做到高性能。下面对存储过程实现方案进行简要介绍。

1. 下发至数据节点执行的分布式数据库存储过程

该方案可以概述为计算节点不做存储过程的深度解析，根据数据分片情况将存储过程下发至单个或多个数据节点去执行。如图 6-2 所示，该方案主要包括两个组件。

计算节点是分布式数据库系统的核心模块，是存储过程的执行入口，提供如下功能：

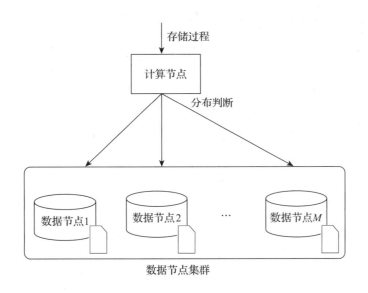

图 6-2　分布式数据库存储过程架构

（1）支持存储过程创建、删除、修改、查看等功能。

（2）支持存储过程调用，能根据存储过程调用时的实际入参，进行数据分布判断，将存储过程下发至对应的单个或多个数据节点执行。

（3）支持关联管理前后端数据库链路，将执行出参结果返回给调用客户端。

数据节点是分布式数据库存储过程的实际执行节点，提供如下功能：

（1）接收计算节点下发的存储过程调用，并将其编译执行。

（2）将执行结果返回给计算节点。

下面讨论该方案涉及的具体技术细节：

（1）分布式存储过程创建。分布式数据库需要扩展存储过程定义，在创建存储过程时根据入参定义计算节点下发存储过程时的数据节点选取规则。常见的分发策略有复制、范围（Range）、列表（List）等，每种策略的具体介绍请参考 8.2 节。下面是一个使用范围分片策略的分布式存储过程定义。

```
1. CREATE PROCEDURE simpleproc (IN a INT)
2. BEGIN
3. insert into t1(id) values(a);
```

```
4. END
5. distributed by range(a)(
g1 VALUES LESS THAN (100),
g2 VALUES LESS THAN (200),
g3 VALUES LESS THAN MAXVALUE);
```

（2）存储过程调用。计算节点在接收到应用下发的存储过程调用语句后，取出实际的入参，并根据用户定义的存储过程数据分布情况计算出该存储过程应下发的数据节点。

（3）为了满足大部分批处理场景的需求，计算节点支持下发多个节点的存储过程，并将执行结果返回给应用，此时用户应使用复制分发策略进行存储过程定义。

2. 计算节点实现的分布式存储过程

前文介绍了可以直接下发数据节点执行的存储过程设计方案，对于在逻辑上 SQL 间会发生跨节点数据关联的存储过程，则要使用基于计算节点的分布式存储过程。下面简要介绍计算节点实现分布式存储过程的设计思路。

（1）计算节点实现存储过程的编译器。在存储过程创建时计算节点对存储过程进行解析，编译成二进制可执行代码缓存在内存中。

（2）在应用下发存储过程调用语句时，计算节点根据入参依次执行每条编译代码，执行时根据场景判断是在计算节点本地执行还是下发至数据节点执行。有些语句只需要在计算节点本地执行，如逻辑控制语句，而一些 SQL 语句则需要结合该条 SQL 的表分布情况、存储过程入参等多种因素计算得出执行计划：或直接将 SQL 语句下发至数据节点执行，或进行语句拆分在数据节点执行后再在计算节点做二次汇总计算。

（3）计算节点按照上述逻辑逐条解释执行代码，直至将整个存储过程执行完毕，并将结果回送至客户端。

（4）计算节点可以将存储过程进行智能拆分，即将存储过程拆分成逻辑上相对独立的子语句块。这些子语句块一般可以直接下发至数据节点，这样处理可以减少计算节点和数据节点间的网络交互，节约系统资源，同时提升存储过程的处理性能。

（5）计算节点在需向数据节点下发单条 SQL 时，可以采用预编译（Prepare）模式，以提升数据节点的处理性能。

3. 分布式数据库存储过程的应用

从上文对存储过程实现机制的介绍中可以发现,直接下发数据节点执行的分布式存储过程对用户的约束还是比较大的,这实际上是由用户保证存储过程里的每条 SQL 均可以直接下发至数据节点执行,且所有 SQL 的下发规则均和存储过程定义时入参的分发规则是一致的,对于逻辑比较复杂的存储过程具备挑战性。但该方案的优势在于,可以将存储过程全部下发到数据节点执行,多个数据节点并行执行,随着数据节点数目的扩展,存储过程的处理效率可以线性提升。另外一点是,使用存储过程封装的语句所操作的数据在分布式规则下的完整性需要用户自行保证,如禁止更新分片键、不要插入和分片规则不符的记录等。由于直接下发的分布式数据库存储过程具有潜在的破坏性,因此应用在发布存储过程前需要经过严格的审核。

由计算节点实现的分布式存储过程对用户完全透明,用户甚至无须关注数据分片之间的逻辑关系,全部由计算节点解析执行完毕。该方案更灵活,对应用的约束更少,但会引发计算节点和数据节点间的多次网络交互,性能比直接下发至数据节点执行的存储过程略差。

因此在实际使用过程中,用户应尽量设计良好的数据模型,通过前期设计使得存储过程可以下发至数据节点执行,充分发挥分布式数据库的性能优势。

下面介绍一个银行业生产环境中的应用案例。前文下发至数据节点执行的分布式存储过程中的复制分发策略可以实现将存储过程同时下发至多个数据节点,这个特性在我们的生产环境中经常使用,可以满足很大一部分批处理的需求。比如在某业务系统中需要对每天发生的交易流水按照柜员号进行统计处理,我们将交易流水表按照柜员号在多个数据节点上进行 Hash 分片,同时按天分区,保留十年的数据,每周进行一次数据清理。使用存储过程来实现统计入库的业务逻辑处理,在这种场景下数据切分得十分清晰,不同节点间的数据没有关联关系,存储过程定义使用需要下发至所有数据节点执行的复制策略。在同样的硬件条件下,三个数据节点的分布式数据库执行时间比单节点 Oracle 缩减 60%,提升了系统处理速度。

6.3 游标

在数据库中,游标是一个十分重要且常用的概念。游标提供了一种对 SQL 语句从表中检索出的数据进行灵活操作的手段,简而言之,游标是一种能从包含多条数据记录的结果集中每次提取固定条数记录的机制。就像文件处理时定义的文件句柄一样，游标实际指向结果集中特定的记录位置。

游标机制使得应用可以对查询结果集中的每行数据根据业务逻辑做不同的处理，而不必对整个结果集进行相同的操作，有的游标还可以提供对表中数据进行修改更新的能力，因此特别适合处理金融行业中逻辑复杂的批处理操作。

广义的游标可以分成缓存在客户端的游标和缓存在服务端的游标，简要介绍如下。

1. 客户端游标

顾名思义，客户端游标就是将服务端的结果集全部查询缓存在客户端，由驱动程序逐行返回给应用，来实现游标读取的功能。这种方式很常用，它的优点是一次性将数据从服务端读取放在客户端，在大多数情况下可以提升应用数据遍历处理的效率，但同时对客户端的内存要求较大，并且由于结果集是一次性返回，对客户端和服务器之间的网络情况也有一定要求。

2. 服务端游标

与客户端游标相反，服务端对 SQL 语句进行检索查询完毕后，将结果集缓存在本地，有的数据库是放在临时表中，如 MySQL。应用每处理完一条记录，服务器就会发送一条记录到客户端的缓冲区。这种机制可以减少结果集对客户端内存的占用，客户端和服务端之间是流式处理。

从游标的具体实现来看有很多种方法，本章将以 MySQL 的 Handler 语法、Cursor 语法及 FetchSize 功能为例，对游标做简要介绍，最后对分布式数据库的游标机制做详细说明。

6.3.1 游标概述

在本节中我们先对 MySQL Handler 语法、Cursor 语法及 FetchSize 功能做概括性介绍。

1. Handler 语法

Handler 语法是 MySQL 的特有语法，这个语法使应用能够一行一行地浏览一个表中的数据，属于在服务器端实现的游标类别，客户端每次获取指定数目的记录条目进行业务逻辑处理。Handler 可以被理解为 MySQL 提供的 NoSQL 接口，为用户提供了一个直达引擎层读取数据的方法，可以用于 MyISAM 和 InnoDB 存储引擎。Handler 语法是非标语法，它提供了 OPEN、READ、CLOSE 三种简单调用方法，如下所示：

```
1. HANDLER tbl_name OPEN [ [AS] alias]
2. HANDLER tbl_name READ index_name { = | <= | >= | < | > }
   (value1,value2,...)[ WHERE where_condition ] [LIMIT ... ]
3. HANDLER tbl_name READ index_name { FIRST | NEXT | PREV | LAST }
   [ WHERE where_condition ] [LIMIT ... ]
4. HANDLER tbl_name READ { FIRST | NEXT } [ WHERE where_condition ] [LIMIT ... ]
5. HANDLER tbl_name CLOSE
```

从上面的语法中可以看出 Handler 语法具有如下约束和限制：

（1）Handler 语法只能简单地读取一张表数据，并且返回整行数据，无法读取部分列的数据。

（2）Handler 语法支持索引读，不支持修改、删除 DML 语句。

因为 Handler 语法简单，采用直接访问存储引擎读取数据的方式，因此可以降低优化器对 SQL 语句的解析与优化开销，从而提升查询性能。由于 Handler 语法是非标语法，在生产环境中很少有人使用，尤其是在要考虑应用的可移植性时更要慎重。不过它简单快速，对于不复杂的批处理逻辑是很好的选择。

2. Cursor 语法

Cursor 语法是数据库中最常用的数据遍历方法，狭义上游标就是指 Cursor 语法。它可以用来查询数据库，获取记录集合（结果集）的指针，让开发者可以一次访问一行结果集，在每条结果集上进行操作。Cursor 语法在批处理场景中极为常用。

在很多商用数据库中，游标功能非常完善，不但可以用于逐行遍历读取表中的数据，还可以提供在读取该数据的同时对其加独占锁的功能，此时应用可以在对读取数据进行逻辑处理后再更新该行记录。Cursor 语法在金融行业的批处理场景中十分常用，比如在夜间对用户储蓄账户计算利息时，就会使用 Cursor 语法遍历表中所有待处理账号，遍历使用加锁读，在对利息做完复杂的逻辑处理后再将计算结果回写至数据库表中。

Cursor 语法似乎已经满足我们对批处理的全部需求：既可以指定每次从服务端获取的记录数目、支持加锁读，也可以直接更新游标等。然而并不是所有的数据库都能支持完整的 Cursor 功能，比如 MySQL 目前只支持在存储过程中使用 Cursor 语法，并且仅支持单向的只读游标，这又给应用的使用带来了很多局限性。

下面介绍一种更通用的从数据库服务器逐行遍历读取数据的方法：FetchSize 功能。

3. FetchSize 功能

FetchSize 是 JDBC 驱动程序 API 封装提供的功能，是一个设置从数据库游标抽取若干行结果集的方法，在主流的数据库中都可以使用，MySQL/MariaDB 驱动也具备该功能。用户可以通过 JDBC 的 API 接口设置查询语句的 FetchSize 取值，对具体设置数值介绍如下。

（1）FetchSize 取值为零：取值设置为零表示服务端不缓存查询结果集，驱动程序一次性获取所有的查询结果，由客户端进行缓存。

（2）FetchSize 取其他大于零的数值：代表客户端每次从服务端获取该指定数目的结果集记录数。此时结果集主要缓存在服务端，客户端仅缓存小部分数据行。当客户端将这部分数据处理结束后，再通知服务器通过重定位游标检索下一个数据行块。

（3）FetchSize 取值为 MIN_VALUE：这是一个特殊取值，当设置为该取值后，客户端和服务器对结果集做流式处理。

可见，当指定了 FetchSize 的具体取值后，使用 Select 语句从数据库中查询数据时，数据默认并不是一条一条地返回给客户端，也不是一次全部返回给客户端，而是根据客户端的 FetchSize 参数进行处理，每次只返回 FetchSize 条记录，当客户端游标遍历到尾部时再从服务端取数据，直到最后全部结果集传送完成。

下面进一步讨论 FetchSize 的具体设置建议。如果设置的 FetchSize 值过小，如在极端情况下每次只从服务器上取一行数据，则每条记录均要走一次网络，会产生大量的网络开销，导致整体处理性能偏低。适当地提高该取值，驱动可以一次性从服务器获取多条数据缓存起来，当业务遍历后面的数据时，可以直接从内存中获取数据而不需要网络交互，提高了效率。但是设置得过大也会造成客户端使用内存的上升，增加内存溢出的危险。

包括 MySQL 在内的许多数据库可能没有设置 FetchSize，默认为零，这种处理对于大的数据集来说是不方便的，它可能因为返回的结果集太大而导致客户端所在的 JVM 内存耗尽。有些数据库提供了 FetchSize 的默认值，如 Oracle 数据库。实际上，FetchSize 对性能的影响还是比较大的，适当加大 FetchSize 可以减少结果数据传输的交互次数及服务器数据的准备时间，提高性能。但达到某个取值后就基本没影响了，且性能还与硬件等多种因素相关，在实际使用中调到一个相对较优的值即可，注意不能设置得太大，避免占用太多客户端内存。

当然，与 Cursor 相比，FetchSize 还有一定的不足。

（1）FetchSize 无法实现仅对遍历行的块锁，即 FetchSize 是对整个查询结果集全部加锁，无法仅对当前 Fetch 操作返回的局部数据进行加锁。

（2）FetchSize 也不具备直接更新游标的功能，需要应用自己对 Fetch 到的数据额外写代码更新。可见 FetchSize 只是给应用提供了一个每次从服务端获取少量数据的基础功能接口，其他功能需要应用自己去实现。

6.3.2 分布式游标设计

前文介绍了单机数据库游标的几种常用语法，现在我们把关注点转移到分布式数据库上。在分布式环境下，分布式游标和分布式存储过程本质上面临着相似的挑战。

（1）对应用透明：应用可以像使用单机数据库游标一样使用分布式数据库游标，这也是我们实现分布式数据库游标的终极目标。

（2）功能完善性：由前文的介绍可以看出，从广义上讲数据库有很多游标机制，要结合应用需求选择适合自己系统的分布式游标方案。

考虑金融行业的使用场景，我们重点介绍一下 FetchSize 功能在分布式数据库中的实现方案。相比其他游标方案，FetchSize 有如下优势。

（1）通用性：FetchSize 是 JDBC 驱动提供的功能，一般的数据库都支持。

（2）基本满足应用需求：从前文的介绍可以看出，虽然 Cursor 语法更强大，但不同的数据库对 Cursor 语法的支持程度区别很大，很多开源数据库对 Cursor 语法的支撑还很弱，无法满足应用的需求，需要投入的成本很大。

分布式数据库的 FetchSize 架构方案如图 6-3 所示，计算节点支持客户端驱动通过 FetchSize 接口从数据库服务端获取数据，并能根据不同的规则场景通过不同的方式从数据节点获取数据，达到最优处理。对计算节点和数据节点两个组件提供的功能详细介绍如下。

1. 计算节点

（1）计算节点支持通过 FetchSize 方式到数据节点获取数据，适用于计算节点无须对数据节点的数据做二次加工处理的场景。在该模式下可以实现客户端、计算节点、数据节点间的流式处理，后文将其简称为计算节点流式模式。

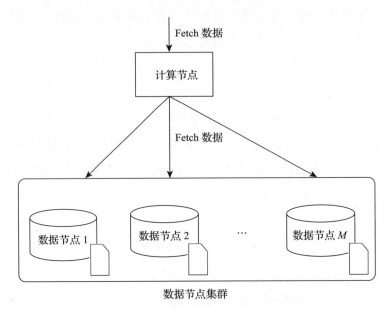

图 6-3　分布式数据库的 FetchSize 架构方案

（2）计算节点支持结果集缓存功能，适用于计算节点需要对数据节点的数据做二次加工处理的场景。在该模式下计算节点一次性将结果集从数据节点获取上来，加工处理后缓存在本地，当客户端进行 Fetch 调用时分批返回，后文将其简称为计算节点缓存模式。

（3）计算节点能支持预编译（Prepare）语句处理。Prepare 和 FetchSize 又有什么关系呢？实际上 FetchSize 功能对 Prepare 有一定的依赖，在典型的应用场景中都是通过 Prepare 来使用 FetchSize，因此计算节点也要能完整地支持 Prepare 功能。

2. 数据节点

数据节点和单机数据库的 FetchSize 功能一致，实现存储层面的 FetchSize，同时也支持预编译语句，以便更好地提升处理性能。

下面按照应用场景来描述 FetchSize 在客户端、计算节点、存储节点间的数据流，让大家有个直观的理解。

如图 6-4 所示为计算节点在流式模式下的系统典型消息流。

（1）客户端下发 Prepare 语句，计算节点将 Prepare 下发至数据节点。

（2）客户端下发 Execute 语句，携带后续要使用 FetchSize 模式获取数据的标签，计算节点将 Execute 语句下发至数据节点。

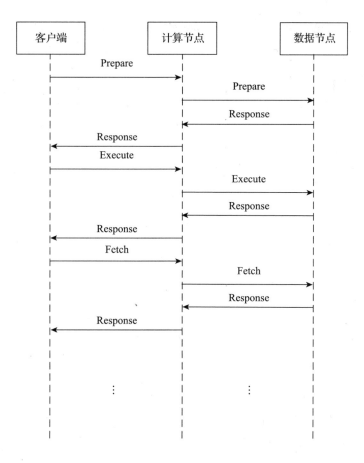

图 6-4 分布式数据库 FetchSize 流式模式典型消息流

（3）客户端下发 Fetch 命令至计算节点，计算节点选择合适的数据节点下发 Fetch 命令。

（4）数据节点返回结果集至计算节点，计算节点进一步将结果集返回给客户端。

（5）重复步骤 3，直至将所有的结果集返回至客户端。

该场景实际上是在客户端、计算节点、数据节点间实现一个流式处理。这种处理的优势是计算节点仅做查询结果集透传，整个批处理对计算节点的内存要求很低，不会因为数据量太大而对计算节点造成压力。根据上节 FetchSize 最佳取值的讨论，该种场景应在计算节点和客户端内存允许的情况下，结合应用逻辑的需要，选取适当的 FetchSize 取值。

图 6-5 为计算节点在缓存模式下的系统典型消息流。

（1）客户端下发 Prepare 语句，计算节点对 Prepare 做变换处理后，将新的 Prepare 下发至数据节点。此时计算节点下发给数据节点的语句与客户端原始下发的语句是不同的，计算节点需要对原始语句进行解析，结合数据实际分布情况生成执行计划,并将对应的 Prepare 下发至数据节点。

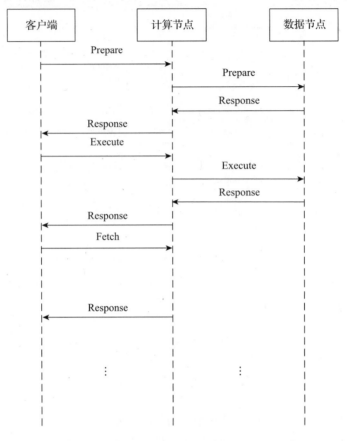

图 6-5 分布式数据库 FetchSize 缓存模式典型消息流

(2)客户端下发 Execute 语句,携带后续要使用 FetchSize 模式获取数据的标签,计算节点将 Execute 语句下发至数据节点,但不指定 FetchSize 模式。

(3)计算节点将数据节点返回的执行结果保存在本地。

(4)客户端下发 Fetch 消息至计算节点,计算节点从本地返回 Fetch 结果数据。

(5)重复步骤 4,直至将所有的结果集返回至客户端。

在该场景下,计算节点对结果集查询方式做了转换处理,计算节点对客户端实现 FetchSize 方式,而对数据节点使用普通数据查询方式。该方案的优势是简单、通用,适用于所有的处理场景。它的劣势也是显而易见的:将来自各个数据节点的大量结果集保存在计算节点上,无疑会给计算节点的内存带来很大的压力。而在 FetchSize 最佳取值的选择上,还需考虑客户端的内存情况及应用逻辑的需要。

下面介绍前文分布式 FetchSize 方案所涉及的关键技术点:

（1）计算节点能根据不同的规则场景对客户端下发的 Fetch 操作制订出不同的执行计划，协调数据节点一起完成 Fetch 方式的数据遍历。典型场景包括流式模式和缓存模式，具体见前文的描述。

（2）计算节点需支持 FetchSize 的传输协议，包括支持客户端的 FetchSize 访问和以 FetchSize 方式访问数据节点。

（3）实现分布式预编译（Prepare）。Prepare 具备高效、SQL 代码可维护性好、降低 SQL 注入风险等优势，是数据库编程中常用的语法功能，从前面的介绍中可以了解到 FetchSize 和 Prepare 功能强关联。分布式 Prepare 自身也是个十分复杂的技术点，为了最大程度地利用数据节点的 Prepare 性能优势，计算节点支持根据规则优化的 Prepare 变换，并将转换后的 Prepare 语句下发至数据节点，场景举例如下：

1）在流式模式下，计算节点可以原样将客户端下发的 Prepare 透传至数据节点。

2）在缓存模式下，计算节点要支持句型变化，分析出可能的查询计划，并生成对应的 Prepare 语句下发至数据节点。

3）在极端场景下，如果场景规则覆盖不全，甚至需要将 Prepare 转换成普通的 Query 查询语句下发至数据节点。

6.4 本章小结

本章介绍了对数据进行批量处理的几种方式。其中数据导入导出主要用于系统间的批量数据迁移，在线上线下都有丰富的使用场景。而存储过程和分布式游标主要用于在系统运行过程中对批量数据的计算处理。

6.1 节首先介绍了数据导入导出的基础概念，并在此基础上介绍了分布式数据库数据导入导出的系统方案及关键技术点。导入导出的性能及工具的易用和容错机制是我们的主要关注点。最后我们以从单机 DB2 数据库至分布式数据库的数据迁移为例说明了将数据导入分布式数据库系统中需重点关注的问题。

6.2 节首先介绍了数据库存储过程的基本概念，然后重点介绍了分布式数据库存储过程的实现方案，包括下发至数据节点执行的分布式存储过程及由计算节点实现的分布式存储过程。存储过程的性能及对应用的透明性是我们的设计目标。

6.3 节介绍了另外一种数据批处理机制：游标。6.3.1 节我们以 MySQL Handler 语法、Cursor 语法及 FetchSize 功能为例简单地介绍了常用的数据批处理方法，并对比了各个方法的优劣势。6.3.2 节详细介绍了分布式数据库 FetchSize 方案，该方案比较通用且可以满足对数据进行批量处理的基本需求。

在一般情况下，如果对数据进行批量处理的逻辑均可以交给数据库处理完成就可以选用存储过程，可以实现数据在数据库本地处理和本地入库，减少网络交互。如果对数据的批量处理需要业务逻辑深度介入，如金融行业的很多业务批处理逻辑十分复杂，甚至要和很多第三方系统交互，此时用游标是比较合适的方法。当然游标也可以嵌入存储过程中使用，具体根据应用场景的不同而异。

第 7 章

可 靠 性

数据库可靠性强调数据库的正确性，要求数据库正确运行，并且符合业务的要求。在分布式数据库中系统故障的原因包括软故障和硬故障。在所有的计算机系统中，一般软故障都占到 90% 以上。因此要在分布式数据库框架中，通过有效机制防止软故障的发生，在故障发生时有措施响应和解决。在硬件发生故障时，同样可以通过软件和硬件结合的方式提供解决方法。

创建可靠的系统一般可以通过三种方法：错误预防、故障检测和冗余。错误预防是指在软件设计和开发过程中通过详细的系统设计、开发和测试来提高软件质量，在系统实施阶段之前避免错误的发生。通过详细的设计方法和质量控制提供系统的可靠性。故障检测及时地发现系统中的错误，并及时地进行修复。冗余是指在系统的组件中提供冗余，使系统在发生错误的时候及时得到补偿。

分布式数据库包括多个组件，每个组件被设计为与其他组件有良好边界的模块，每个模块从错误预防、故障检测和冗余等方面做好自身模块的高可靠，并在整个分布式架构上提供高可靠框架。分布式数据库提供数据备份和恢复、同城灾备、异地容灾、数据重分布等方案确保银行业应用的无间断运行。

现有数据库已从多方面提高系统的可靠性。数据库通过数据定时备份恢复存储数据库副本，在需要的时候，通过备份来恢复不同时间点的数据。同城灾备将数据实时同步到备用环境，可在保障系统可靠性的同时实现读写分离等功能，提高系统性能。异地容灾通过数据库的异步同步实现远距离数据同步，在发生自然灾难等突发情况时，保障系统的可靠性。

从架构图中，我们可以清晰地看出每个模块都通过不同的方式设计成高可靠。下面我们分别介绍分布式数据库系统中各组件高可靠的实现机理和方法。再介绍分布式总体架构下同城灾备、异地容灾和备份与恢复的实现方案。

7.1 组件高可靠

分布式数据库系统包括多个组件，每个组件都是有良好边界的模块，完成独立的功能，并通过统一协议和其他模块进行交互。主要模块包括：计算节点、数据节点集群、全局事务管理器和管理节点。

计算节点是多个无状态的代理节点，主要负责 SQL 优化、SQL 路由、数据节点的负载均衡、分布式事务的调度等，是分布式数据库的核心模块。数据节点集群由一个或多个集群组成，是分布式数据库中数据的存储节点。全局事务管理模块又称全局事务管理器，用于协助计算节点进行分布式事务管理。管理节点包括计算节点管理器、元数据管理器、数据节点管理器和管理控制台等。

数据的一致性包括规则一致性和副本一致性两个方面。在分布式环境下，为了提升系统的可靠性，通常会为数据保存多个副本（通常是两三个副本），这些副本分布在不同的服务器上。如果不能保证数据的副本一致性，当出现服务器故障后，被选中用于服务的副本会出现丢失数据的情况，高可靠也就失去了意义，因此保证数据的副本一致性是保证组件高可靠的重要部分。Paxos 协议是用于保证数据副本一致性的协议，也是目前互联网公司使用得最多的副本一致性协议。需要说明的是，由于 Paxos 协议极为复杂，我们并没有直接使用该协议，而是参考 Paxos 协议的特点，实现了简单有效的副本一致性方案来保障数据的高可靠与组件的高可靠。

7.1.1 Paxos 协议

在分布式数据库系统中，如果各节点数据的初始值相同，每次操作都更新成相同的值，那么最后各个节点数据的值一定相同，Paxos 协议的基本原理如图 7-1 所示。

但在实际环境中，我们不能保证每次发给 DB 的操作，每个 DB 都能收到，任何网络或服务器故障都会导致最后的数据出现不一致，随着时间的累积，最后系统数据就完全不一致了。Paxos 协议就是用于解决在不可靠网络环境下各个参与者如何就一次操作的值达成一致的方法。

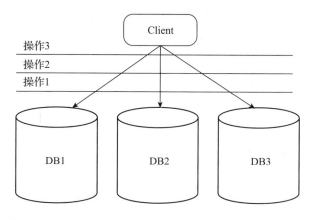

图 7-1　Paxos 协议的基本原理

Paxos 协议是莱斯利·兰伯特（Leslie Lamport）于 1990 年提出的关于分布式系统如何在不可靠网络环境下就某个值达成一致的方法，以希腊 Paxos 岛上使用的虚构的立法协商制度命名。为了描述这个协议要解决的问题，作者讲了一个故事作为背景：在古希腊有一个小岛叫作 Paxos，岛上采用会议投票的方式来表决立法，但是参会的议员都是兼职的，他们只能不定时地提交提议，不定时地了解投票进展，Paxos 协议的目标就是让所有议员按照少数服从多数的方式，最终达成一致的意见。[14]

1. Paxos 协议的术语和角色

（1）术语。

预案：提议者在提议阶段提出的方案。每个预案都有一个编号 N，每个预案的内容用 V 表示。

议案：提议者在决议阶段提出的方案。

决议：审批者审批通过的议案内容（V 值）。

（2）角色。

提议者：提出议案的角色。

审批者：接收议案并决定是否批准的角色。

学习者：不参与议案的提议和审批，仅读取最终决议的角色。

法定集合：指集合的一个子集，子集的元素数量超过原集合元素数量的一半。从定义可以推论，在任何两个法定集合中肯定有相同的元素。

2. Paxos 协议的算法[15]

Paxos 协议分为提议和决议两个阶段，分别描述如下。

（1）提议阶段。

1）每个提议者提出一个编号为 N 的预案，并为预案填写内容 V，发给所有审批者。

2）每个审批者只保存一份预案。在有新预案到达时，审批者会将新预案的编号和自己保存的预案编号进行比较。如果新预案的编号比自己保存的预案编号大或者自己没有保存任何预案，则接受并保存新的预案，并告诉提议者"我接受你的预案"，并承诺不会再接收编号比这个小的预案；如果新预案的编号比自己保存的预案编号小，就直接拒绝。

（2）决议阶段。

1）如果提议者收到法定集合的答复，它就会把自己的议案改成自己所收到的答复中编号最大的那个预案，再发给所有审批者。

2）如果审批者收的议案编号不小于自己保存的预案编号，就审批通过该议案；如果已经通过了某个议案，就不再接受任何预案和议案。虽然不接受，但是如果预案的编号比通过的议案编号大，审批者仍然会告诉提议者"我不接受你的预案，但是我告诉你我接受的最大的预案编号"。

3. Paxos 协议的应用举例

为了更深刻地理解 Paxos 协议，我们举一个简单的例子，包含 2 个提议者和 3 个审批者。决议过程如下：

（1）提议者 1 向 3 个审批者发送了预案（编号 1）。

（2）因为目前没有收到任何提议，于是 3 个审批者都接受并保存了提议者 1 的预案。

（3）提议者 1 收到了法定集合的答复（只需要 2 个就是法定集合），决定提出议案。

（4）提议者 1 先把议案发给审批者 1，审批者 1 发现议案的编号不小于自己的预案，于是审批通过。

（5）在提议者 1 向审批者 2 和审批者 3 发送议案前，提议者 2 向审批者 1 和审批者 2 发送了预案（编号 2）。

（6）由于审批者 1 已经审批通过了议案 1，于是不保存预案 2，但是答复提议者 2 "我不接受你的预案，但是我告诉你我接受的最大的预案编号是 1"；而审批者 2 尚未审批通过任何议案，由于预案 2 的编号比预案 1 的编号大，于是接受并保存预案 2，并答复"我接受你的预案，并承诺不接受比你小的预案"。

（7）这时提议者 1 可能察觉有危险，赶紧把议案发给审批者 2 和审批者 3，审批者 2 发现议案的编号比自己保存的预案编号小，拒绝了议案 1。审批者 3 审批通过了议案 1。

（8）提议者 1 已经收到法定集合的答复，确定议案 1 已经通过。

（9）此时，提议者 2 向审批者 3 发送预案 2，但是仍然被拒绝，并获悉接受的最大预案号是 1；由于法定集合的答复都是预案 1，在议案阶段提议者 2 会把自己的议案改成预案 1。

（10）提议者 2 把修改后的议案（预案 1 的内容）发送给所有的审批者，审批通过。

如果在第 5 步，提议者 2 不是向审批者 1 和审批者 2 发送预案，而是向审批者 2 和审批者 3 发送预案，那么提议者 1 的议案将会被拒绝，以此类推，将会陷入死循环。但考虑到在实际情况中，提议者 1 会同时向所有审批者发送议案，很难发生这种情况，就算发生一次，多提议几轮就能很快达成一致。

这是一个简单的例子，如果涉及更多的提议者和审批者，推算过程也很类似，只是步骤更多，流程更复杂而已。

7.1.2　计算节点高可靠

计算节点是整个分布式数据库的核心模块，计算节点的异常将导致整个系统的瘫痪。这就需要完善的机制保障计算节点的高可靠性。

一个分布式数据库系统包括多个计算节点，它们分别接收业务的 SQL 请求，并和数据节点集群建链。计算节点是无状态节点，不持久化存储任何信息，数据库的事务和元数据信息均从其他模块中实时获取，因此在一个计算节点发生异常时，其他节点可以顺利地接管起来。任何一个分布式数据库系统，不管业务量的大小，都至少配备两个计算节点，多个计算节点之间互为主备。

计算节点在接收到应用的 SQL 请求后，根据数据存储规则和 SQL 请求关联到的数据节点，向全局事务管理器请求事务 ID，后向相关数据节点下发 SQL 请求。计算节点根据同一个事务在各数据库节点上的完成情况，统一管理分布式事务，在有数据库节点失败时向其他相关数据库节点发起回滚操作，以保证分布式事务一致性。

计算节点集群通过多个无状态节点部署，实现该模块的高可靠性，不会因单个模块发生异常，影响系统的整体可靠性，业务能正常发送 SQL 请求和接收 SQL 返回结果。

计算节点集群通过以下方法实现高可靠性：

（1）单个计算节点部署监控模块，监控模块实时与计算节点建立心跳消息，在发现计算节点异常时，主动重启计算节点。

（2）在计算节点发生异常并重启失败时，管理节点通知其他计算节点接管异常节点的事务控制。对未完全提交的分布式事务，向已提交的数据节点发起回滚操作，确保数据的一致性。

（3）计算节点异常后退出集群，并通过负载均衡技术，把新的 SQL 请求发送到正常的计算节点，异常计算节点不再接收用户请求，直到恢复后重新接入集群。

7.1.3 数据节点高可靠

一个分布式数据库系统可以包含多个数据节点集群，每个数据节点集群由多个数据节点组成。一个数据节点集群分布存储应用数据，集群内数据按照切分规则存储在每个数据安全组上。一个数据安全组是一个存储单元，包括主备数据库。数据节点存储应用数据，并提供数据查询、更新管理等重要功能。数据节点集群的高可靠在分布式数据库系统中至关重要，如果某个数据安全组发生异常，则直接导致应用服务异常。当存储数据受到损坏无法恢复时，将直接导致业务数据丢失，给应用系统造成无法挽回的损失。

数据节点单节点的高可靠性通过代理模块实现。每个数据节点部署数据代理模块，负责数据节点的配置更改、复制变更、状态监控、统计上报等。数据代理模块实时监控本节点数据库的运行情况，实时向管理节点上报监控信息，在本节点数据库运行出现异常时，根据错误类型主动对数据库进行重启或切换到备机数据库，通知计算节点把 SQL 请求下发到正常的数据节点上，重启和切换过程对应用无感知，提高数据节点的自身高可靠性。

在分布式数据库系统的数据安全组内主备节点之间通过数据同步管理实现高可靠性。每个数据安全组由一个主数据库和多个备数据库组成，主和备之间是 1 对多的关系，数据库组内进行数据实时同步。主和备之间可以替代运行，在主机发生异常时，自动切换到备机上提供服务，并建立新的主备数据同步关系。

在数据安全组内主备节点间的数据同步可以通过数据库原生同步机制进行，如 MySQL 的异步同步和半同步、Oracle 的 Data Guard 等同步功能。

MySQL 提供半同步插件，确保必须收到一个备机的应答才让事务在主机中提交。当备机应答超时时，半同步自动退化成异步模式。半同步相比于异步复制，在数据的可靠性方面提升了很多，在主机本身故障时，基本能保证不丢失事务，一旦退化成异步复制就无法保证主备数据的一致性。因此半同步在网络延迟大的场景下，无法保证系统的高可靠性。同时受限于半同步的线程同步等待机制，也无法满足性能要求。

从上述分析可知，半同步是轻量级的数据同步方案，分布式数据库快同步方案全面解决了数据同步的高一致问题。

快同步方案从下述两方面提升数据节点的高可靠性：

（1）快同步优化数据同步线程处理逻辑，解决原生半同步的线程等待 CPU 阻塞问题，提高跨 IDC 的主从复制性能。

（2）快同步提供数据节点安全组内分组管理，提升数据节点的高可靠性，满足不同业务场景下对安全级别的不同要求。在一个安全组内把数据节点分成不同 Team，每个 Team 配置响应节点数阈值，当 Team 内数据同步响应节点数大于或等于阈值，则认为该 Team 数据同步完成，计入成功返回 Team 数。安全组配置高低水位值，即组内返回 Team 数阈值。当返回的 Team 数高于或等于高水位时，DB 安全组正常对外提供服务；当低于高水位，高于或等于低水位时，DB 安全组服务正常，发出告警提示管理员；当低于低水位时，DB 安全组提供只读服务，并发出严重告警。

分布式数据库系统有多个数据节点集群，每个数据节点集群中的数据安全组形成数据备份。数据安全组之间的数据既可以根据分发键 Hash 存储，也可以以复制方式存储。对于以复制方式存储的数据，相当于进行多组备份，不会因为某个数据安全组异常而导致数据丢失。

综上所述，数据节点集群通过数据库单节点、数据安全组内和数据安全组间的多重机制保障了高可靠性。银行已在多个应用中实施，如在每个应用中一个集群有四个数据安全组，重要数据和系统数据以复制方式存储在多个数据安全组中，每个安全组间进行同步复制。银行应用对数据安全性的要求高，组内数据同步采取一主多备的快同步方式，在某个节点发生异常时，其他节点完全可以正常对外提供服务，并尽可能地对异常节点进行恢复，重新作为备节点接入系统。

7.1.4 全局事务管理器高可靠

全局事务管理器是系统运行的重要网元，是保障分布式事务一致性的关键组件，所以全局事务管理器必须是高可靠的，全局事务的状态要进行持久化，且不随着掉电等异常的发生而丢失。高可靠设计体现在以下几个方面。

（1）支持多活集群部署：全局事务管理器支持多活集群部署，在主节点异常时，备节点可以秒级接管。

（2）全局事务状态持久化：全局事务管理器对全局事务状态进行持久化，以避免掉电等异常导致数据丢失。集群中主备节点均支持实时持久化和定时周期持久化，以便在高可靠和性能之间根据需要做出合理配置。

（3）数据同步：全局事务管理器主备节点间进行全量和增量数据同步，保证主备节点间的数据一致。当主备节点间增量同步失败时，主节点可以在问题修复后向备节点进行全量数据推送。系统将多个全局事务管理器分成不同的组，主节点向多个备节点同步增量数据时，认定同步完成的规则依据全局事务管理器集群的分组配置。灵活的分组管理可以满足不同场景对安全级别和性能的需求。

1）对每个组配置响应节点数阈值。当组内数据同步响应节点数大于或等于配置阈值时，主节点则认为该组数据同步成功。

2）对全局事务管理器集群配置返回组数目的高低水位值。当数据同步成功的组数高于或等于高水位时，全局事务管理器集群正常对外提供服务；当低于高水位，高于或等于低水位时，仍服务正常，但发出告警提示管理员；当低于低水位时，提供只读服务，并发出严重告警。

3）主节点收到计算节点的申请，释放全局事务 ID 请求，向集群中的备节点进行增量数据同步，并等待接收各备机的响应。当满足组配置响应节点数阈值时，该组计入成功返回组数；当成功返回组数满足高水位时，主节点认为本次数据同步结束，进行后续处理，如不满足则根据规则进行告警甚至停止写服务。

上述高低水位配置可以满足不同场景的用户需求。当用户对数据可靠性的要求较低，对性能的要求较高时，可以调低水位值；反之可以调高水位值。同时，分组策略对于同城、异地场景部署的 RPO 达成也有重要意义。

全局事务管理器通过集群化、持久化、数据同步提供了完善的高可靠机制，同时灵活的分组管理也可以满足多种场景的需求。

7.1.5 管理节点高可靠

管理节点包括元数据管理、计算节点集群管理、数据节点集群管理和任务及运维管理。管理节点可采用成熟的双机冷备机制或者域名方式保证系统的高可靠性。

在管理节点双机冷备高可靠方案中管理节点一主一备，数据通过 DRBD 进行数据实时同步。数据写入主节点本地文件系统时，将会被同步发送到备节点上，以相同的形式记录在备机文件中，主节点与备节点的数据保证实时同步。当主节点发生故障时，备节点上保留一份相同的数据。HA 软件实时监控主节点的运行状态，当确认主节点系统异常时启动备节点，备节点和分布式数据库的其他相关模块建链提供服务。为防止脑裂，当备节点启动正常后，HA 软件重启主节点操作系统。

在管理节点域名高可靠方案中管理节点一主多备，管理节点通过域名方式提供服务，域名指向主管理节点。元数据信息存储在数据库中，元数据通过数据库同步机制实时同步到备管理节点。当主管理节点发生异常时，域名切换到备管理节点对外提供服务。

7.2　同城灾备

7.2.1　概述

为了提升业务系统的抵御灾难能力，通常意义上我们建设"两地三中心"系统，借用一句话"同城保生产，异地保生存"。"两地三中心"中的"两地"是指同城、异地，"三中心"是指生产中心、同城灾备中心、异地容灾中心。同城灾备和异地容灾的保障功能存在差异，如果发生机房级别的灾难，同城灾备系统可以保证生产系统在最短时间内恢复服务，生产的业务数据不丢失，通过重建生产系统仍然能够保证生产系统恢复到灾难发生之前的业务水平。同城灾备是指将生产中心的数据备份在本地的容灾备份机房中。由于是在本地，因此同城灾备网络传输快，备份机房可以快速接管业务。但是它的缺点是一旦发生重大自然灾难，将无法保证本地容灾备份机房中的数据和系统仍可用。同城灾备中心作为灾备的第一个节点，受链路和复制技术的影响，数据的实时性比异地容灾中心强，同时根据业务恢复就近原则，当生产中心出现故障后，首先启动同城灾备中心负责业务的接管或数据的恢复。

随着银行业务的快速发展，灾备的数据量在急剧增加，必须定期对灾备端的数据进行有效性验证，及时采取积极措施保证灾备数据的完整性和可靠性。目前，大型金融机构对灾备的认知已经超越了数据备份，对灾备的布局建设十分重视，通过构建同城灾备中心，发挥其接管业务、延续业务和双活运行的作用。

分布式数据库同城灾备在传统数据库同城灾备方案的基础上，需要同步分布式架构中各个网元的数据信息。各个数据库节点的数据要同步到同城灾备系统上，并确保各个数据库集群间数据的强一致性。在分布式数据库集群中各个节点在同城机房中同时部署，并实时同步，在发生切换时，灾备环境能够完全接管实时业务，对外提供服务。

7.2.2 同城灾备设计

分布式数据库要求实现实时数据同步，保证同城主备机房间的数据一致性。分布式数据库同城灾备采用全集群模式部署，同城灾备机房与主机房属于同一套集群，管理节点主备机房分开部署。数据节点集群采用一主多备模式，主机房中包括主机和备机。同城灾备机房部署多台备机，主机和备机之间采用数据库快同步方式进行数据复制和 Team 管理。分布式数据库同城灾备架构如图 7-2 所示。

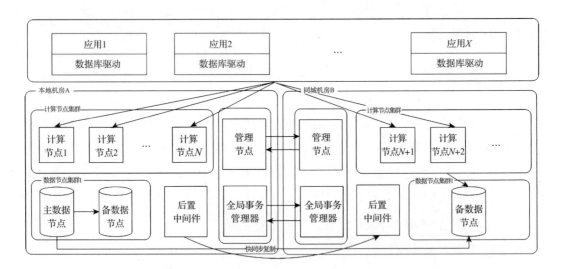

图 7-2 分布式数据库同城灾备架构

分布式数据库同城灾备部署方案如下：

（1）管理节点主备机房分开部署。可通过 HA 冷备模式或者域名方式实现节点的数据备份和主备切换，当生产机房主节点发生异常时，切换到同城机房备节点提供服务，与管理节点有交互的相关节点自动切换到备机进行交互。

（2）数据节点集群采用一主多备方式部署，主备数据节点采用快同步模式。生产机房可以是一主一备或者一主多备，同城机房可以是一备或者多备。典型配置为生产机房一主一备组成一个 Team，同城机房两备组成一个 Team。主备切换有两种方式：自动切换和手工切换。在生产机房的主节点异常之后，优先自动切换到本地机房的备节点，保证切换时的数据一致性。

（3）全局事务管理器集群同数据节点集群的部署方式一致，采用一主多备方式部署，各节点按 Team 进行管理，主备节点间数据实时同步。典型配置为生产机房一主一备组成一个 Team，同城机房两备组成一个 Team。当主节点异常时，优先切换到本地机房；当生产机房异常时，切换到同城机房。

（4）计算节点集群分别在生产机房和同城机房。计算节点是无状态节点，两机房多计算节点可以同时对外提供服务。

7.2.3　同城灾备切换实践

针对银行的同城灾备场景，分布式数据库同城灾备系统在生产机房和同城机房中分别部署系统架构中的独立网元。在生产机房发生异常时，各组件根据处理逻辑进行主备切换，业务访问同城机房中的设备，继续提供服务。

同城灾备异常切换分为以下四个场景。

1. 计算节点的异常切换

在同城灾备系统中，生产机房和同城机房中的计算节点均以正常状态运行，并可同时对外提供服务。当生产机房中的计算节点发生异常时，同城机房的计算节点接管业务，负载均衡服务器检测到计算节点异常后，把业务的新请求转发到同城机房的计算节点上。管理节点发现生产机房计算节点异常后，发送消息通知同城机房中的计算节点处理异常节点的事务信息。对于未完成完全提交状态的分布式事务，向已提交数据节点发起回滚操作。

2. 管理节点异常切换

在生产机房和同城机房中管理节点通过 HA 或者域名服务方式实现异常切换。当生产机房管理节点发生异常时，切换到同城机房管理节点提供服务。

3. 数据节点异常切换

当原主数据节点发生异常时，管理节点选取同步最新备机，判断最新备机所在机房位置。

如果最新备机在同城机房，则将该备机直接切换为主机并提供只读服务，并且新主机等待至少一组数据跟上后开始对外恢复所有服务。如果最新备机在同城机房，并且系统配置可以切换到同城机房，则该最新备机直接切换为主机提供只读服务，同样需要等待至少一组数据跟上后对外恢复服务；如果配置不可切换到同城机房，则选取最新备机作为补数据主机，将所有备机连接到补数据主机进行补数据操作，等待至少一组数据跟上后对外恢复业务。若在规定时间内没有任何一个备机跟上，则停止自动切换，等待人工干预。

4. 生产机房数据库节点全部宕机，同城服务器接管

当生产机房发生整体断电等故障，启动同城管理节点，按照配置进行自动切换。若配置为不能自动切换到同城，则通过接口命令指定强制主数据节点，实现数据节点主机切换。

7.3 异地容灾

7.3.1 概述

异地容灾，顾名思义就是在不同的地域中，构建一套或者多套相同的应用或者数据库，起到灾难后立刻接管的作用。

随着业务规模的扩展，用户原有意识中的数据备份已经无法满足关键业务对系统的可靠性、实时性、安全性要求。更重要的是，备份的数据往往会因为各种因素而遭到毁坏，如地震、火灾、丢失等。异地容灾解决方案的出现则可通过在不同地点建立备份系统，从而进一步提高数据抵抗各种可能安全因素的容灾能力。

银行业正在进行变革，这种转变同时带来巨大的 IT 变化，这个时候如何保证数据的完整，如何保证系统的不间断运行，如何防范意外事件导致整个业务系统不能够连续运行，就变得尤为重要。首先我们看到，无论是在国外还是在国内，都会因为整个系统的停顿导致巨大的损失，包括一些自然风险，比如 2008 年的汶川地震导致周边地区的业务停顿，这种停顿会给老百姓带来不便，同时给银行清算带来损失。传统单机数据库提供了两地三中心的成熟容灾方案。分布式数据库同样要提供完备的灾备方案，7.2 节介绍了分布式数据库同城灾备的架构和原理，本节将重点介绍分布式数据库异地容灾的架构和实现方案。

7.3.2 异地容灾设计

分布式数据库异地容灾系统实现从生产环境到异地容灾机房的数据同步，并在生产环境发生异常时，能够切换到异地容灾环境提供服务。生产环境和容灾环境的分布式数据库架构可以异构或者同构。下面分别介绍异构方式和同构方式的不同架构设计。

1. 异构方式异地容灾方案

分布式数据库异构异地容灾架构如图 7-3 所示。

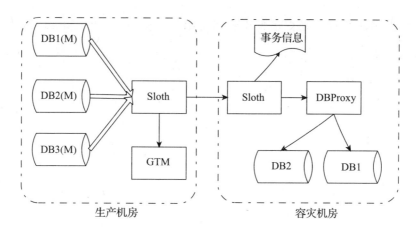

图 7-3　分布式数据库异构异地容灾架构

在分布式数据库异构异地容灾架构中，Sloth 模块作为生产机房和容灾机房之间的统一接口，负责生产机房的数据库日志收集、SQL 转换和处理、同步信息传输、日志回放以及确保容灾机房数据强一致性的数据回滚。

生产机房和容灾机房可以异构部署，在每个环境中配置的数据节点数可以不同。每个主备集群对应一对 Sloth，每个机房配置一个 Sloth 模块。Sloth 模块负责生产机房和容灾机房之间的数据同步和数据回放。

生产机房和容灾机房之间采用专线网络，每个机房都部署一套主备双机的数据同步模块 Sloth，同步模块之间采用 TCP 链路通信。在生产机房中，Sloth 模块从各个数据库节点上获取数据库日志数据，每个数据节点对应 Sloth 中的一个线程。Sloth 多线程同步处理多个数据节点上的数据库日志数据。Sloth 收集数据库日志数据，解析成 SQL 语句后同步到容灾机房的 Sloth 模块。在同步过程中，为了提高传输效率，数据节点日志在传输过程中对数据进行压缩处理，在备站机房保存到磁盘上，防止异常时丢失数据。

在主站机房中，Sloth 模块把各个数据库节点上的数据库日志反解析成 SQL 语句、合并 SQL、压缩 SQL，发送给备站机房的 Sloth 模块。为了在容灾机房中确保各个数据节点间的数据一致性，生产机房的 Sloth 模块定时向全局事务管理器获取全局事务信息，并同步到容灾机房的 Sloth 模块，Sloth 模块可以根据全局事务信息恢复数据。一个数据节点安全组同步一台数据节点库的数据库日志，且从主数据节点上获取。当数据安全组发生主备切换时，Sloth 模块需要自动连接到新的主数据节点获取数据库日志。

生产机房和异地机房在数据同步时，不需要考虑分布式全局数据一致性。只有当切换到异地机房时，需要异地机房的 Sloth 模块根据全局事务信息进行一次全局数据一致性回滚操作，来保证异地机房的数据一致性。同时 Sloth 模块需要定时上报主站和备站之间的同步数据时间差，管理节点可以根据各个数据节点的时间差值大小来判断是否需要告警。

该架构总体功能清晰，集群间的同步管理维护相对简单。为了避免两机房之间的强耦合，生产机房和容灾机房之间可以采用异构数据库、不同数据库版本和不同的网络配置。在数据同步过程中数据可以进行压缩，减少网络传输流量，提高传输性能。并且在数据传输前对 SQL 操作进行合并，减少网络流程，提高数据回放效率。

2. 同构方式异地容灾方案

同构方式异地容灾方案的各组件在主备机房中按主备方式部署，异地机房和生产机房在同一个集群中。根据网络情况，数据节点可基于原生同步机制或快同步机制。为了保证异地机房分布式数据的一致性，引入全局时钟概念。生产机房负责生成时钟数据及该时刻活跃事务列表，并作为普通数据插入到分布式数据库中，同步到异地机房，用于异地机房一致性数据恢复，保证切换到异地机房后异地数据的可靠性。

生产机房和异地机房部署架构相同，通过专线连接。各组件可以如下方式部署。

（1）计算节点集群：计算节点无状态，在异地灾备机房中同时部署。

（2）数据节点集群：每个数据安全组在异地灾备机房中部署两个备节点，生产机房和异地灾备机房均以星形结构进行数据复制，两个机房间采用异步复制，在故障切换时生产机房和异地机房选主相互独立。

（3）全局事务管理器：异地灾备机房部署两个备节点，不需要从生产机房同步数据。

（4）管理节点：异地灾备机房部署两个备节点，异步复制方式接入生产机房，同步元数据信息和组网信息。

在分布式数据库同构方式异地容灾方案中，数据的同步功能通过数据库的原生同步功能即可实现。相对于异构方式，该方案架构简单，对中间数据信息不做二次处理，更有利于数据同步问题的定位。并且随着网络性能的快速发展，异地容灾可以与同城灾备方案相结合，提升同步性能，保证 RPO 和 RTO。

7.3.3 异地容灾实践

针对银行的异地容灾场景，我们提供异构方式和同构方式两种分布式数据库异地容灾方案实践。

1. 异构方式异地容灾方案实践

在分布式数据库异构方式异地容灾方案中，Sloth 模块主要完成数据同步和数据回放的工作，协调各个模块共同完成数据的异地容灾。下面按照数据同步的过程详细解析实现方法。

Sloth 模块主要完成以下几项功能点：数据节点日志推送、SQL 解析 / 合并 / 压缩、数据库日志信息传输、数据库日志数据恢复、告警和全局数据一致性回滚。

数据节点日志推送：生产环境 Sloth 模块与各数据安全组中的主节点建链，并定时获取各主数据节点更新日志。Sloth 模块根据事务时间顺序统一存放数据节点日志。

SQL 解析 / 合并 / 压缩：生产机房 Sloth 把多个线程获取的数据节点日志放入 SQL 解析队列中，SQL 解析线程对日志进行解析生成 SQL 语句，并对一批 SQL 语句进行合并，合并规则如下：

insert + update → insert（update 语句字段合并到 insert 语句）。

insert + delete → delete（插入后删除，合并为一条删除语句）。

update + update → update（多条 update 语句合并为一条 update 执行）。

update + delete → delete（插入后删除，合并为一条删除语句）。

delete + insert → insert（删除后插入，合并为一条插入语句）。

对可以合并的 SQL 语句合并完成后，对一批 SQL 语句进行压缩，减少网络传输过程中的数据量，提高传输性能。

数据库日志数据恢复：容灾机房的 Sloth 模块接收到生产机房的数据库日志后，解析数据库日志，分析出回放的 SQL 语句，通过容灾机房的计算节点向数据库下发 SQL 语句。计算节点根据容灾机房的分发策略下压 SQL 语句，实现数据回放。

全局数据一致性回滚：容灾机房的 Sloth 模块在生产机房向异地灾备机房切换前实现全局数据一致性回滚。Sloth 模块定时获取活跃事务信息，生产机房的 Sloth 模块定时从全局事务管理器获取活跃事务信息，灾备机房的 Sloth 模块从生产机房的 Sloth 模块接收到活跃事务信息时，保存到本地系统中并定时更新。

为了保证灾备机房在切换时能够进行全局数据一致性回滚，还需要灾备机房的 Sloth 模块保存每个 SQL 语句的事务信息。具体信息包括库表名、主键、全局事务 ID、操作类型、时间等。

当切换到灾备机房后，执行全局数据的一致性回滚操作。回滚操作需要在每个数据节点上执行，回滚命令中指定回滚到的时间点。具体回滚操作方法如下：

（1）Sloth 模块根据回滚时刻、活跃事务列表找到回滚的开始点全局事务 ID。

（2）根据全局事务 ID，从语句事务信息中找到表名、主键等信息。

（3）根据表名、主键、时间等信息，从灾备机房数据节点的日志文件中找到记录，反解析出 SQL 语句，执行 SQL 语句进行回滚。

分布式数据库异构异地容灾通过 Sloth 模块实现了生产机房和异地容灾机房之间的数据同步，并解决了数据一致性问题，使容灾机房可以真正接管业务对外提供服务。

2. 同构方式异地容灾方案实践

分布式数据库同构方式异地容灾方案的切换通过手工触发，不提供自动切换到异地的功能。故障切换功能的流程如下：

（1）启动异地管理节点。

（2）等待异地环境中各数据安全组日志回放完成。

（3）向各数据安全组在异地机房的主数据节点查询回放位置。

（4）根据各安全组的回放位置，取最早位置值，向各数据安全组在异地机房的主数据节点发起回滚到指定时刻的请求，并回滚活跃事务。

（5）强制将各数据安全组主机切换到异地机房。

（6）向全局事务管理器发送消息，指定最大全局事务 ID，并设定 GTM 主机。

（7）启动异地机房整体服务。

7.4 备份与恢复

为了保证系统数据的安全性，分布式数据库必须提供全面的备份和恢复功能，对整个系统多个数据节点的数据、数据库日志、全局事务信息和元数据信息等进行统一备份和数据恢复。在银行业系统运维中，为了确保数据的安全性，必须对业务数据进行定时、实时的全量和增量备份，并在需要时，根据备份信息把数据恢复到备份时刻或指定时刻。

分布式数据库集群进行数据备份与恢复，分别提供两种备份恢复功能。

（1）实时备份：管理员可通过管理门户界面实时发起备份操作。

（2）定时备份：以定时任务的形式运行，每天自动定时完成，可以设置全量备份和增量备份。默认为每周周日全量备份，周一到周六分别在全量备份的基础上增量备份，提供一周的备份数据。定时备份任务也可通过管理门户界面进行配置。

（3）恢复到备份时刻：把数据库一致性状态恢复到备份终止时刻。

（4）恢复到指定时刻：把数据库一致性状态恢复到最近时刻或者某个指定的时刻。

通过以上备份恢复功能可以满足应用系统对分布式数据库的数据安全要求，协助完成数据库的日常维护工作,同时可以根据业务使用场景进一步优化备份恢复功能。如当人为误操作数据库时,需要尽快恢复误操作前的数据,可以根据操作 DDL/DML 语句,定位到操作时间点,根据备份数据和日志将数据恢复到操作时间点前的数据,从而可以尽快恢复业务数据,减少对业务的影响。

7.4.1 分布式备份设计

管理员可以通过管理门户配置定时备份的周期,也可以随时发起实时备份。两种方式的实现方案相同,管理节点向各个数据安全组分别下发备份请求,各数据安全组分别完成备份任务,备份各自的数据和本地事务日志。

一次完整的分布式数据库集群备份过程需要通过管理节点才能完成,这是因为各个数据节点只有单节点的数据库数据,而缺少分布式事务信息,因而无法独立完成整个集群的备份任务,同时还需要记录整个分布式数据库活跃事务列表的全局事务管理器来参与该过程。在日常情况下,管理节点定时向全局事务管理器请求当前活跃事务列表,获取到信息后,在管理节点本地持久化到文本文件中。有了这个信息,就可在数据恢复时恢复到指定时刻的一致性数据。当管理节点收到实时备份请求或被定时备份任务触发时,也要向全局事务管理器请求这个信息并持久化,以便恢复到备份时刻的一致性数据。

如果分布式数据库集群备份在数据节点主机上操作,当备份大数据时,会对 I/O 造成较大的压力,影响业务性能,因此选择在备机上做分布式数据库集群的备份。如果备机出现异常,则在主机上备份。

分布式数据库集群内部每个数据节点的默认备份策略如图 7-4 所示,即周日备份全量数据,其他时间分别在周日全量备份的基础上做一次增量备份。

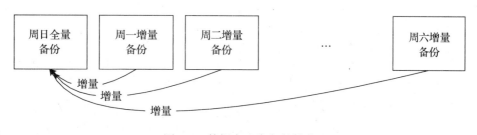

图 7-4 数据库日常备份策略

管理员可以直接手动发起备份请求,在管理页面上提供相应的操作界面。手动备份可满足某些特定场景下的实时备份需求。

如果数据备节点发生变更,则下一次的备份做全量备份,因为在不同的备节点上做增量备份，日志序列号可能会无法对应上，导致恢复失败。管理节点记录这次全量备份的信息，以确保第二天的增量备份是基于该全量备份的。如果根据策略第二天需要做全量备份，则继续做全量备份。

数据库日志的备份策略是同时备份主和备的数据库日志。从实现角度看，只备份主的数据库日志是可以满足需求的，但是当主备发生频繁切换时，每一个节点备份的数据库日志都是不完整的，且每次发生主备切换抓取数据库日志时，都只能备份新主上所有的数据库日志，交叉重叠的部分比较多，并没有节约很多存储空间。

7.4.2 分布式恢复设计

为了快速恢复数据，需要对备份的数据进行预处理，以便数据恢复时可以在短时间内快速恢复数据，并重启数据库服务。

在数据备份时，可能存在部分已提交数据或回滚数据在备份时刻没有落盘，通过预处理操作，根据日志信息把单个数据节点上备份的全量数据和增量数据进行回放。这些数据可能用于恢复到备份时刻或是指定时刻，因此，只预恢复为单机一致性状态。

数据库恢复预处理的总体流程如图 7-5 所示，共 4 个步骤：

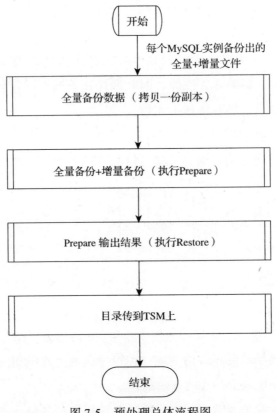

图 7-5　预处理总体流程图

（1）复制全量备份数据。

（2）分别对全量备份数据和增量备份数据执行预处理，为了保证数据的一致性，需要做 roll forward 和 roll back 操作。roll forward 将数据前滚到备份结束时刻，roll back 对备份结束时刻尚未提交的事务进行回滚。

（3）对第 2 步操作的输出结果进行预恢复处理。单个数据节点进行数据恢复，并进行全局事务回滚，把数据恢复到"分布式数据库全局备份时间"的情景下。

（4）把预处理完成的备份数据上传到备份服务器上。

基于预处理结果，分布式数据库恢复功能包括恢复到备份时刻和恢复到备份之后的某一指定时刻。

1. 恢复到备份时刻

对数据库集群中的每个数据节点，拷贝预处理后的数据、日志和配置到目标机器相应目录，启动数据库进程即可。此时，分布式数据库集群已恢复到全量备份或增量备份时刻的数据库状态，此时该数据库集群已处于备份时刻的全局数据一致性状态。

2. 恢复到备份之后的某一指定时刻

（1）单数据节点恢复到备份之后的某一指定时刻。在这种场景下，在预处理恢复阶段已完成分布式数据库集群单数据节点恢复。根据数据库日志，继续恢复分布式数据库全局备份时间之后到某一指定时刻的数据。

（2）实现指定时刻全局数据一致性。要实现分布式数据库全局备份时间之后的某一指定时刻全局数据一致性的恢复，必须通过分析全局事务信息，回滚在该时刻全局不成功的事务。管理节点定时备份当前活跃事务列表，当管理员手工指定恢复时刻，管理节点映射这一指定时刻到最近一次记录当前活跃事务列表的时刻，所有数据节点全局回滚到映射时刻，实现全局数据一致。

7.5 本章小结

本章重点介绍了分布式数据库的高可靠性架构和实现方案，分别介绍了分布式数据库组件的高可靠性、同城灾备、异地容灾和备份与恢复的实现。高可靠性是分布式数据库的一个重要特性，系统只有保证高可靠性的情况下，才能满足金融、政企、互联网等重要行业的要求。

分布式数据库首先从每个组件高可靠,实现整个系统的高可靠,系统内不存在单点设备,每个组件确保在安全的状态下运行。同时在总体架构上提供了同城灾备和异地容灾方案,应用可以根据自身的安全级别配置不同的灾备方案。

7.1 节介绍了 Paxos 协议及分布式数据库各个组件的高可靠性。7.2 节介绍了分布式数据库同城灾备的设计,重点介绍了同城灾备切换的实现技术。7.3 节介绍了分布式数据库异地容灾,描述了异地容灾的设计和实践。7.4 节介绍了备份与恢复的设计原理和方法。

第 8 章

扩 展 性

8.1 服务扩展性

8.1.1 全局事务管理器的扩展性

全局事务管理器负责分布式数据库的全局事务管理，有以下两个基本功能：

（1）全局事务的申请和释放，为每个分布式事务分配一个唯一标识，保证每个分布式事务的唯一性，并在事务全局提交后将唯一标识释放。

（2）保存所有的活跃事务信息，提供全局活跃事务的查询服务，以保证全局事务的数据读写一致性。

如前文所述，分布式数据库的性能可以随着计算节点、数据节点的水平扩展而扩展，由于每一个分布式事务都需要多次访问全局事务管理器，会产生大量的申请、释放、查询消息，因此必须考虑全局事务管理器的高性能和可扩展性设计，通常可通过组提交、网络组播、预处理等方式来保证。下面对组提交进行详细阐述，具体包括计算节点的组提交机制和全局事务管理器的组合并机制。

为了减轻全局事务管理器的消息处理压力，计算节点支持对其发出的全局事务申请、查询、释放消息进行组提交，由前文介绍的全局事务进程进行总体控制管理。

（1）全局事务申请。计算节点在向全局事务管理器申请全局事务时，支持批量组申请，即一次请求申请多个全局事务 ID，由计算节点进行缓存。后续有分布式事务需要申请全局事务 ID 时，直接从缓存池中获取，不必再和全局事务管理器进行消息交互。进一步,为了提升缓存的全局事务 ID 使用效率,每次申请的全局事务数目由计算节点根据系统的分布式事务并发情况动态调整,当系统并发较高时,可以一次多申请一些全局事务 ID,反之则少申请。

(2)全局事务查询。计算节点将内部相近时刻不同事务发起的活跃事务查询请求合并为一个请求发往全局事务管理器。结合计算节点的线程结构,计算节点有以下两级消息合并机制:

1)计算节点会话线程内部的查询请求合并。同一线程内部处理的不同事务,若已经有事务发起查询请求,则后续事务在该查询返回前不再重复发起查询请求,待第一个查询请求返回后,所有相关事务再继续流程处理。

2)不同会话线程间的查询请求合并。不同线程间若已经有线程发起查询请求,其他线程不再重复发起请求,待第一个查询请求返回后,所有线程再继续流程处理。

同时,计算节点对全局事务列表进行缓存处理,支持缓存过期机制。当缓存的列表在下次使用时发现查询时间超过设置有效期,则立即发起一次查询请求。

(3)全局事务释放。计算节点在向全局事务管理器释放全局事务时,支持组释放,即由计算节点对等待释放的全局事务 ID 进行缓存处理,满足一定数目或时间规则后向全局事务管理器发起组提交,批量释放多个全局事务 ID。同时注意到缓存机制可能会让部分事务产生提交等待,进而导致时延增大,因此,计算节点根据全局事务管理器的负载情况进行动态组提交处理,比如,当全局事务管理器无请求积压时,计算节点可以立即向其发起全局事务释放申请,而不再缓存等待。

计算节点对全局事务申请、查询、释放请求向全局事务管理器发起组提交后,全局事务管理器可以进一步对多个组提交请求进行合并处理。组合并具备如下优势:

(1)多次申请、释放请求合并处理,大幅度降低持久化时磁盘 I/O 的负载。

(2)全局事务管理器内部消息数大幅减少,主备数据同步压力也随之降低。

通过上述组提交和组合并机制后,全局事务管理器可以满足分布式数据库线性扩展要求。同时,全局事务管理器也支持多集群部署,不同的数据节点集群可以使用不同的全局事务管理器,通过多集群部署可以分流整个分布式数据库的访问负载。

8.1.2 计算节点的扩展性

计算节点的扩展性分为两个层次:单个计算节点支持的数据节点数量的扩展性和单个集群中计算节点处理能力的扩展性。

1. 单个计算节点支持的数据节点数量的扩展性

第 2 章讲过，计算节点会对 SQL 语句进行解析，生成分布式执行计划树，然后将这个计划树通过路由模块下发到多个数据节点上并行执行。在这个过程中，分布式执行计划树需要通过调度模块分配到底层的各个数据节点上。

（1）调度工作模型。一条 SQL 语句经过 SQL 语句解析模块解析后会形成多个任务，这些任务放入消息队列等待调度模块处理，调度线程从消息队列中取出任务，为其分配资源后放入就绪队列，路由模块就从就绪队列中取出任务，将其发到后端数据节点上执行（见图 8-1）。

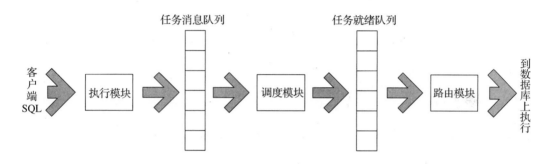

图 8-1　任务工作流程模型

1）执行模块。监听客户端下发的 SQL，经过语法解析等操作后将其放入任务消息队列，等待调度模块处理。

2）调度模块。从任务消息队列中取得新的任务，为其分配资源后将其放入任务就绪队列等待工作模块来处理该任务。

3）路由模块。从任务就绪队列中取得等待执行任务，下发到后端数据库上执行。

（2）单线程调度模型（见图 8-2）。

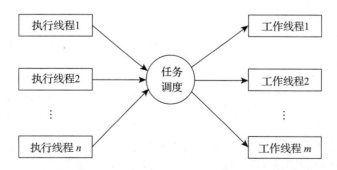

图 8-2　单线程调度模型

执行线程：接受任务请求。

任务调度：将任务分配给工作线程。

工作线程：执行任务。

该模型的优势为：该模型逻辑简单，容易实现。

该模型的缺陷为：在高并发场景下，性能会卡在调度模块上，调度线程来不及处理执行线程下发的任务，将导致：

1）执行线程下发的任务得不到及时处理，执行线程常常处于等待状态。

2）工作线程没有足够的任务去处理，常常处于饥饿状态。

（3）多线程调度模型（见图 8-3）。该模型针对单线程调度的处理效率低下的问题，优化原模型，将单一调度线程变成多个调度线程同时处理调度任务，提升了任务调度的处理效率。

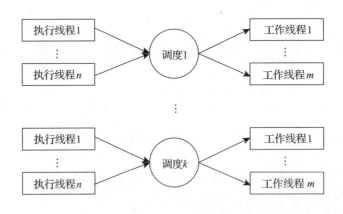

图 8-3　多线程调度模型

该模型具体的优化点如下：

1）系统中有多个调度线程，每个调度线程都能独立完成任务调度工作。

2）执行线程根据调度线程的数量分成多组，每组执行线程绑定到一个调度线程。

3）工作线程也分成多组，每组工作线程绑定到一个调度线程。

这样就把任务调度工作平均分摊到多个调度线程上，提高了任务调度的并发度。

该模型的优势为：突破调度环节的性能瓶颈。

该模型的缺陷为：逻辑相比单线程调度模型要更复杂，实现难度稍微增加。

（4）分布式数据库的任务调度选型分析。在分布式架构中，可以通过增加底层数据库节点数量来扩展系统吞吐量，但是往往这种扩展性是有限制的。在达到某个数值后，TPS 就达到瓶颈了，而此时 CPU、I/O 等资源在使用率上并没有达到自身的极限值。当然有很多原因能导致这个问题，例如全局事务管理器的处理速度等，但计算节点的任务调度模型可能就是性能瓶颈。

在任务调度环节中，随着数据节点的扩展，任务并发数量会大量增加，这个数量和数据节点数量相关。例如，一条查询语句涉及的数据在三个数据节点内，因此，就要分裂成三个任务。若采用单线程调度模型，则很难突破这个瓶颈，任务消息队列终究会处在等待状态，而任务就绪队列总处于饥饿状态。因此，在任务调度环节中，考虑使用多线程调度模型。

（5）性能分析。我们对比了两种模型在系统吞吐量上的性能表现（见图 8-4）。

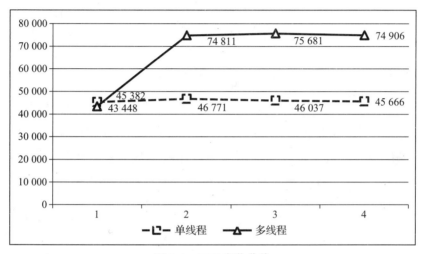

图 8-4　TPS 变化曲线

从图 8-4 中可以看出，在单线程调度模型下，TPS 一直维持在 46 000 左右，增加数据节点也不能增加 TPS。而在多线程调度模型下，在单数据节点到多数据节点之间 TPS 有一次线性增长，随后保持在 75 000 左右。

再来看 CPU 使用率（见图 8-5）。

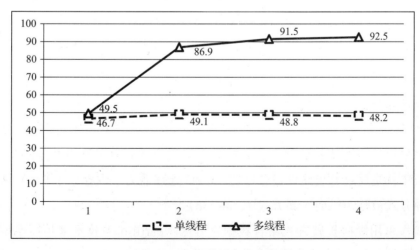

图 8-5　CPU 使用率变化曲线

如图 8-5 所示，在单线程调度模式下，随着数据节点数量的增加，CPU 的使用率增长缓慢，说明增加数据节点不能充分利用系统的硬件资源。原因是调度线程到达了性能瓶颈，使得执行线程和工作线程分别处于等待和饥饿状态。这个现象与上面对单线程调度性能瓶颈的分析是一致的。

在多线程调度模式下，随着数据节点数量的增加，可以看到 CPU 的使用率有一次线性增长，很快到达上限，线程充分利用了系统的硬件资源。所有的线程都处于忙碌状态，没有线程处于等待或饥饿状态。

因此，系统的性能瓶颈已经不在调度线程上。

2. 单个集群中计算节点处理能力的扩展性

计算节点处理能力的扩展性指的是动态向分布式数据库集群中添加计算节点，以提高整个集群的服务能力。计算节点作为分布式数据库中接收用户请求、对分布式数据进行整合并将数据最终返回给应用程序的组件，扩展性是它的一个基本要求。它的横向扩展几乎可以达到整个数据库集群服务能力的线性增长。

实现计算节点的扩展需要考虑以下几方面的内容：

（1）计算节点的无状态设计。计算节点要做到动态扩展，需要把计算节点设计成为无状态节点。有状态的数据必须在计算节点加入集群后，在对外服务之前，加入到计算节点的缓存中。

（2）计算节点的状态信息更新。计算节点对应用屏蔽了系统底层的分布式架构，计算节点本身需要及时了解整个系统拓扑的结构，以保证请求语句能够路由到正确的数据节点上。

（3）计算节点的在线管理。计算节点需要支持启用和禁用功能。启用和禁用即指计算节点的上线和下线，如在计算节点升级的场景中，禁用计算节点后，计算节点需要优雅地结束当前活跃事务，待事务结束后，不再接收、处理新事务。

8.2　数据扩展性

面对数据量高速增长的势态，数据库必然需要面对容量和吞吐量的瓶颈问题。传统的做法就是通过升级硬件设备性能（CPU 处理能力、内存大小）来解决这个问题，此种方式被称为纵向扩展方式（scale-up）。

数据库采用纵向扩展方式结合数据库分区（partition）技术来扩展系统，它的优势就是简单。但它的缺陷也比较突出：在初期可以采用纵向扩展方式，受制于现有计算机体系结构，单个服务器的处理能力存在理论瓶颈，无法突破。虽然读写分离技术可以在一定程度上解决读操作的扩展问题，但无法解决写操作的扩展问题，同时也引入了新的问题，如在主从复制时如何保证主从间数据的一致性等问题。

随着计算模式架构的演进、互联网行业的兴起，数据库的扩展技术也产生了变化，目前的趋势就是从纵向扩展向横向扩展（scale-out）发展。分片技术作为横向扩展技术中的一种，近些年来越来越受到大家的关注。

8.2.1 分片技术

1. 分片技术的基本架构

分片技术的原理是基于 Shared-Nothing 架构，如图 8-6 所示。底层是数据节点集群，在每个节点上都运行一个或多个数据库实例。数据节点集群的上一层为计算节点集群，主要负责链路控制、SQL 语句解析、路由以及结果集汇总等工作。它作为中间件向上屏蔽了底层数据的分布信息，以一个逻辑上单一的数据库对外提供数据库服务。

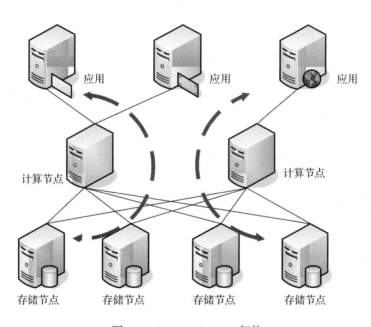

图 8-6　Shared-Nothing 架构

2. 分片技术的优势

分片技术是把数据库横向扩展到多个物理节点上的一种技术。可以将它简单地理解为将数据库按照某种策略切分成若干块小碎片（shard），而这些数据库块可分布在不同或相同的物理节点上。这种模式能带来如下优势：

（1）能够把日渐臃肿的数据切分为更加纤细的小碎片，碎片可以分配到更多的服务器中，从而直接提高了数据库的可扩展性。

（2）若其中几个分片损坏或承载该分片的服务器宕机了，影响面仅涉及这几个分片的服务，不会造成整个系统的瘫痪，提高了数据库的可用性。

（3）单个分片上数据集变小带来的优势是数据库的查询压力变小，查询更快，性能更好。

（4）数据被水平切分成多个部分，实现了查询并发执行，增加了系统的吞吐量。

3. 分片带来的挑战

现实中，一个系统内的数据通常是存在某种联系的，我们把这种联系称为关系。数据存储在数据库内，同时也要保证关系这种约束条件的完整性。

分片技术将逻辑上完整的数据划分成更小的数据分片，并将这些分片存储在多个物理节点上，这样就破坏了关系的完整性。但向上仍需要提供逻辑上统一的数据服务。如果数据仅是简单地、不经过设计地存储在数据节点上，那么为了保证数据关系的完整性，在很多场景下就需要大量的计算和频繁的数据访问，其结果很可能会导致提供的数据库服务完全不可用。例如，多节点上的数据连接操作。

4. 水平分片与垂直分片

关系的实例就是表，对数据的划分最终会归结到对表结构的划分。从表结构来看，表有属性和元组两种角度，代表两种方向，因此，就存在垂直分片和水平分片两种方式。

（1）垂直分片：就是按照表属性（列、字段），将表中的数据切分成若干片段。这种切分方法割裂了原有表内数据之间的联系，因此，在实际操作时，需要保留一个或几个关键属性，以保证关系的完整性（见图8-7）。

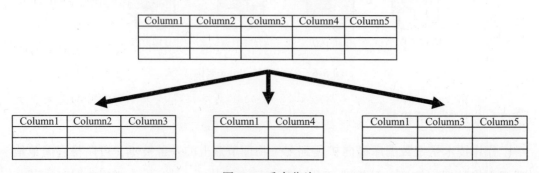

图8-7 垂直分片

（2）水平分片：就是按照表元组（行），将表中的数据切分成若干片段。这种切分方法保证了原有表内数据之间的联系，因此，对同一张表切分出来的分片可以认为相互之间不相干（见图 8-8）。

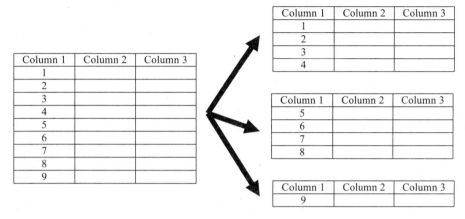

图 8-8　水平分片

在交易系统中采用垂直分片方式，不见得是一个很好的分片方式。最根本的一点就是，为了保证数据的一致性约束所花费的代价非常高昂。不仅要增加冗余字段，应用的改造方案也更加复杂。相对来说，水平分片方式保证了表内数据关系的完整性，保证数据一致性的代价相对简单，而且，水平分片的扩展性更好。

5. 分布策略

数据被水平切分后，会被分配到多个数据节点上，现在介绍几种常见的分布策略。

（1）复制（duplication）策略（见图 8-9）。复制是水平分片的特例方式，表内的数据不做任何方式的切分，分配到多个数据节点上。是否采用复制策略首先考虑的因素是表内数据量的大小，根据实践经验，百万级以下的表可以优先考虑复制策略，根据应用数据的关联性可以分为单点复制和多点复制。

1）单点复制：如果某张表内的数据和其他数据节点的关联度小且数据量不大，那么可以采用单点复制的分布策略，这样可以提高更新的效率。

2）多点复制：如果某张表内的数据和其他数据节点的关联度比较大且数据量不大，那么可以采用多点复制的分布策略，这样可以提高业务查询的效率。

（2）范围（range）策略（见图 8-10）。范围策略是根据分发键的映射关系将表内数据连续地进行分片，并把这些分片存储到指定的数据节点上。这种分布策略类似于数据库中常见的分区技术，但和分区不同的是，分片的数据是分布在多个数据节点中的。

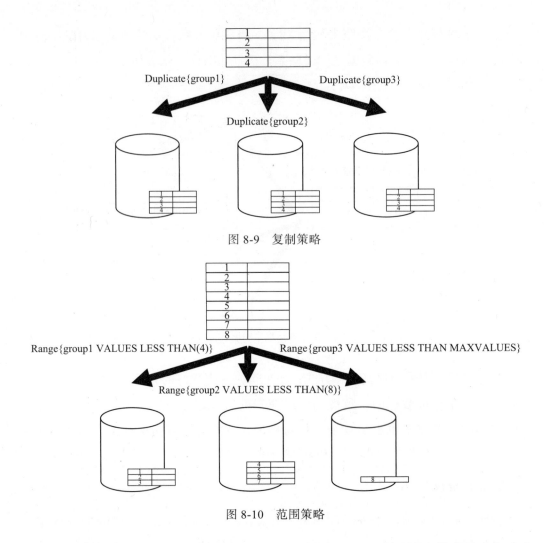

图 8-9 复制策略

图 8-10 范围策略

一般来说,分发键支持整型、字符型和时间类型。采用这种分布策略的业务通常有明确的区域、范围概念,像针对某个区域的业务,如某个地区的水电费缴费业务等。

(3)列表(list)策略(见图 8-11)。列表策略是根据分发键的映射关系将表内的数据进行分片,并把这些分片存储到指定的数据节点上。这种分布策略的优势就是分片的粒度很细,可以把指定的数据分片分配到指定的存储节点上,非常灵活。

和 range 策略一样,list 策略的分发键支持整型、字符型和时间类型。通常某些重点客户的数据可以考虑此种策略。

(4)哈希(hash)策略。哈希策略提供了一种将数据均匀分散到整个数据节点集群中的方式,将 I/O 的压力分散到整个集群上,减少热点数据的形成机会。在分布式环境内,如果采用类似 HASH(key)%N 的普通哈希算法,一旦节点数发生变化,就会带来大量的数据重分布问题。目前,业内通用的做法是采用一致性哈希策略(见图 8-12)。

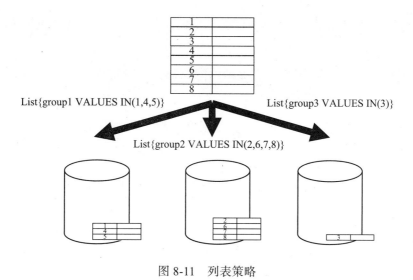

图 8-11　列表策略

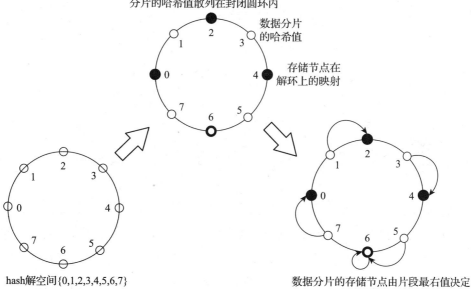

图 8-12　一致性哈希策略

简单一致性哈希策略的基本步骤如下：

1）将 $0\sim N$ 的自然数列 L，视为一个虚拟封闭的圆环。

2）假设存在 M 个存储节点（$M \leqslant N$），然后将 L 均分为 M 段。从每段中取最右边的值，这个值视为数据节点在圆环上的映射。

3）将数据的 ID 作为 key 计算哈希值，该哈希值为该数据在这个圆环上的映射点，可以视为一个以行为单位的小分片。

4）数据存储的节点由其哈希值所在圆环片段的最右值确定。该数据分片交给这个最右值对应的数据节点存储。

一致性哈希策略的优势是，在复杂的网络环境中适应性更好，可以将网络拓扑变化带来的数据迁移代价降到最低。

（5）多级分片策略（见图 8-13）。数据不总是按一个维度来分类，在实际环境

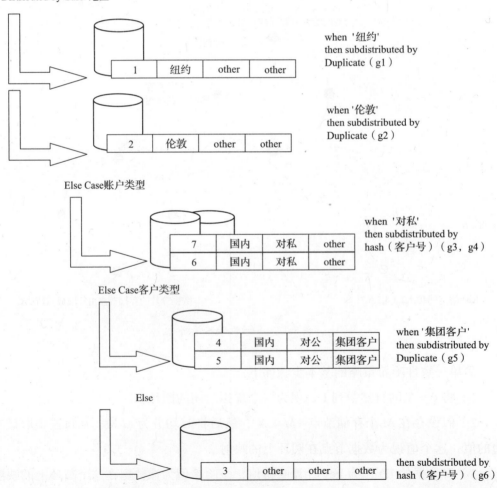

图 8-13　多级分片策略

中业务对数据的描绘往往是多个层次的。以客户表为例，客户表可能包含区域、业务类型、身份等属性字段。如果需要统计国内所有对公账户的重点客户，而客户表仅按照地区字段做了切分，那么数据库就要需要到所有存储国内数据的节点上去统计数据，然后对各个节点的数据进行计算，最后向业务响应返回计算结果。如果一开始就对数据进行了多层级、多字段的水平切分，那么数据库就要根据选择条件到指定的节点上进行数据操作。

多级分片策略是一项非常实用的分布策略，可根据业务要求，精细化地控制数据在集群中的分布形态，进而减少计算复杂度，提升数据访问操作性能。

8.2.2 数据重分布方案

随着业务的增长，不可避免地需要对资源进行扩容。由于使用了分片技术，数据被切分成细小的碎片，分布在数据节点集群中。集群扩容后，原有的数据分片就面临着被打散重新分配的过程，这个过程就是数据重分布（resharding）。

目前业内存在多种重分布方案，这里介绍几个具备代表性的方案，最后给出我们的重分布方案。

1. 预分片重分布方案

在线数据重分布的一个基本要求是在重分布期间不停止服务。数据在线迁移涉及方方面面的问题，有全量数据复制、数据校验、增量数据复制等流程，通常时间会很长，切换过程不平滑。针对这个问题，提出预分片（pre-sharding）重分布方案（见图8-14）。

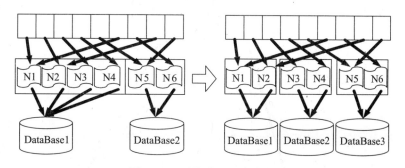

图 8-14 预分片重分布方案

这种方案增加了数据分配的路径。数据分片分配的位置不在实际的物理节点上，而是在物理节点上增加了一个代理层，这个代理层由抽象的逻辑节点构成，数据分配给抽象的逻辑节点，然后建立逻辑节点和物理节点之间的映射关系，数据根据映射关系存储到物理节点上,这样物理节点的变更就不会对数据分片产生直接影响。你需要做的就是,拷贝一部分数据分配到新节点上,再更新逻辑节点和物理节点之间的映射关系。

这种方案的优势是扩容过程相对快,可以线下先将全量数据准备好,然后再把新增节点接入集群,在线上只做增量数据复制和数据切换动作。这样可以将切换时间缩短,使得切换过程做到平滑切换。

这个方案也有局限性。

(1)数据存储效率相对于直接存储到数据节点上要低,毕竟存储的路径被拉长了。

(2)对设计人员的要求比较高,设计人员需要预先做好分片规划,要对整个系统数据的未来分布有较为正确的预期。分片分得少了,单个分片就会变厚,会影响性能;分片分得多了,就容易出现热点数据,导致频繁地进行数据重分布。

(3)分片管理更加复杂。不仅要维护分片映射关系,还需要维护抽象节点及其和物理节点的映射关系。

2. 动态重分布方案

这种方案主要针对 hadoop 分布式文件系统(hadoop distribution files system,HDFS)架构,主要解决当热点数据访问导致任务负载不均衡时,系统运行慢、浪费网络资源的问题。关于 HDFS 存储机制,可以查阅 HDFS 的相关资料,本节我们主要关注的是数据重分布方案本身。

数据动态重分布方案架构仅抽象出以下两种节点(见图 8-15)。

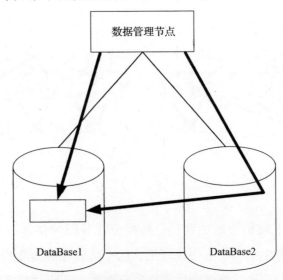

图 8-15 动态重分布方案数据访问方式

（1）数据管理节点：用于管理数据分片的地址映射信息，配置副本策略，并处理客户请求。

（2）数据存储节点：用于存储实际数据，执行数据分片的读写操作，并周期性地将存储节点的信息反馈给管理节点。

注意：访问数据任务，会优先访问本地有目标数据的存储节点。当访问量达到阈值时，访问任务会分配到其他存储节点上，通过内网访问目标数据所在的存储节点，对目标数据进行操作。

动态重分布方案的基本思路是将整个过程分为以下两个阶段（见图 8-16）。

阶段一：当存储节点收到的数据访问任务涉及的目标数据不在本地时，说明该数据处于热点状态，因此在一段时间内，该数据有很大概率被大量访问。所以，可以考虑将目标数据拷贝一份副本存放在本地，以应对后续访问任务。

阶段二：如果在一段时间后，该数据副本未被访问，则视为该数据热度冷却，可以考虑将该数据副本删除，以节省存储空间。

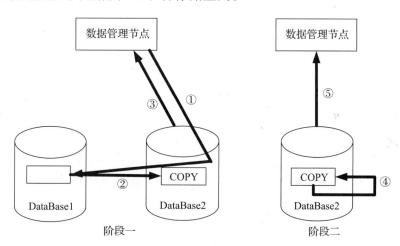

图 8-16　动态重分布

对动态重分布过程说明如下：

（1）目标数据不在本地，先读取目标存储节点上的目标数据。

（2）在本地保留一份副本。

（3）通知数据管理节点，目标数据在 DataBase2 上有数据，后续访问目标数据的任务可优先访问 DataBase1 和 DataBase2。

（4）删除目标副本。

（5）通知数据管理节点，目标数据在 DataBase2 上的副本已删除。

该方案是典型的用空间换时间的方式，通过临时增加数据冗余，达到节约系统网络资源消耗的目的,从而提升系统的性能。

8.2.3 数据重分布实践

1. 基本原理

本重分布方案的设计理念是在进行重分布时,通过重新计算分配位置,将数据分配到新的存储节点上。结合对在线业务影响最小化要求,方案步骤如下:

(1)数据全量复制、验证、切分。

(2)数据增量复制、验证、切分。

(3)更新元数据(分布策略)、切换。

(4)清理数据。

我们通过一个例子来说明这种方案。

场景:假设表数据分布在两个节点(DB1、DB2)上,现在发现I/O的压力都集中在DB1上,使得DB1成为热点数据节点。为了保证负载均衡,希望添加一个新节点(DB3),将DB1的部分热点数据迁移到DB2上,将DB2的数据迁移到DB3上(见图8-17)。

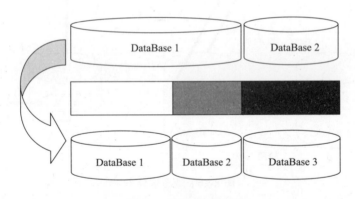

图8-17 静态重分布方案

注意,整个过程需要尽可能地降低对应用的影响。

(1)首先把当前要迁移的数据复制到新节点上。这个过程对应用是透明的,原来的表仍对外提供服务(见图8-18)。

(2)再把复制过程中产生的新数据复制到新节点上。这个过程对应用也是透明的,同时会重复多次,直到数据一致(见图8-19)。

(3)更新元数据,然后切换到新表。这个过程可能对应用有影响(见图8-20)。

(4)最后删除不需要的数据(见图8-21)。

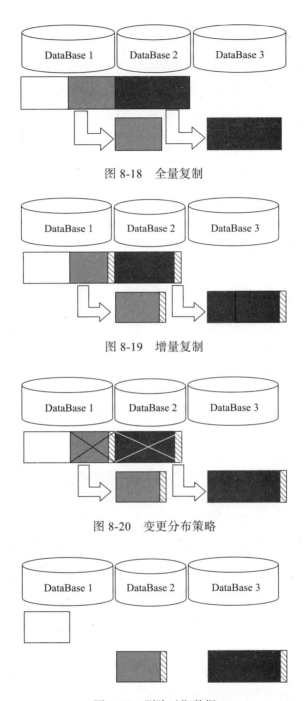

图 8-18　全量复制

图 8-19　增量复制

图 8-20　变更分布策略

图 8-21　删除过期数据

这种方案相对于预分片方案来说，优势是管理简单、容易实现。相对来说，这种方案的迁移过程会比较长，毕竟把线下数据迁移纳入数据切换的流程中，对系统性能会有一定影响，但可以通过控制重分布业务触发时间来错开应用交易高峰时段。

2. 基本思路

实现数据重分布功能的基本思路是针对要重分布的表,建立一个和原表字段结构相同但分发策略为目标分发策略的新表。对于那些需要重分布的数据节点,需要将其上的数据导出,然后将该部分数据导入新表,导入过程会使用新表的分发策略,最后将新表改名为原表。结合金融行业的交易类业务特点,可以定时触发数据导入导出作业,使得数据分片在业务交易不繁忙的阶段完成分配任务,不对线上交易产生影响。

数据的重分布分为以下两大阶段:

(1)第一阶段是线下操作,进行全量数据的导出和导入、数据校验,所需要的时间非常长,但不影响在线业务。

(2)第二阶段是线上操作,对线下操作期间的增量数据进行迁移、数据校验,所需要的时间短,但影响在线业务的写操作。

3. 重分布模块架构

重分布模块架构如图 8-22 所示。

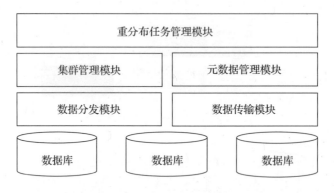

图 8-22　重分布模块架构

说明如下:

(1)数据分发模块负责数据文件的分发、路由工作。

(2)数据传输模块负责数据的传输工作。

4. 具体实现方案

数据重分布总体流程如图 8-23 所示。

线下阶段的详细流程如图 8-24 所示。

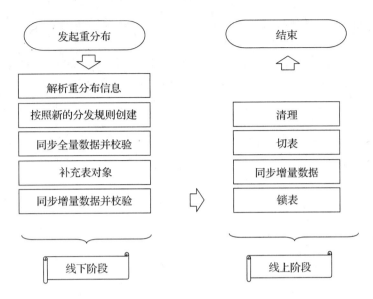

图 8-23　总体流程

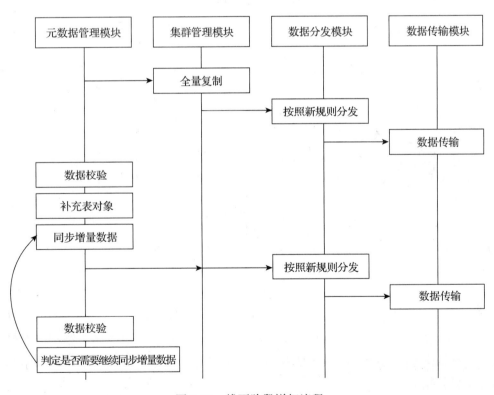

图 8-24　线下阶段详细流程

说明如下：

（1）线下阶段分为全量部分和增量部分，只有完成全量部分后，才能进行增量部分的操作。

（2）全量部分需要进行数据切分、数据传输、数据校验三个步骤。如果重分布涉及多个表，则每个表都需要串行地经过这些步骤操作，但表与表之间互相独立，这些步骤可并发执行。

（3）如果重分布任务包含多个表，则元数据管理模块需要同时启动多个表的全量数据操作，并发的数量采用配置值。

（4）每一项步骤都要上报到元数据管理模块并持久化。如果存在执行失败的步骤，则元数据管理模块会定时检测并发起重试操作。

（5）增量部分可能需要多次执行，如果某次执行时间足够短，则认为追增量结束。

线上阶段的详细流程如图 8-25 所示。

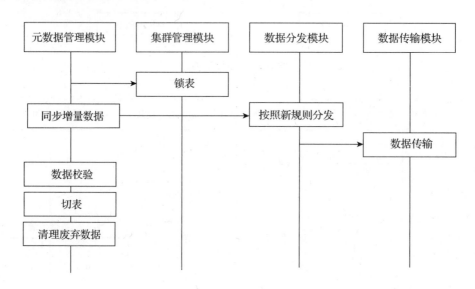

图 8-25　线上阶段详细流程

线上阶段只有增量部分，具体步骤如下：

（1）在追增量前需要锁住表，此时相关表是只读表。

（2）同步增量数据并校验。

（3）如果在任一表的数据校验时发现数据不一致，则返回失败响应给元数据中心，元数据中心标记当前重分布任务执行失败，并对表进行写恢复操作，同时发送清理垃圾数据命令。

8.3　本章小结

可扩展性并不是强调系统可以无限制地扩张下去，而是需要配合业务系统保持架构上必要的弹性。本章从分布式数据库系统的两种不同角度介绍了各自的可扩展方案，每个方案都有具体的针对场景以及在此场景下的优势与局限。

8.1 节从服务的角度阐述了管理节点和计算节点的扩展方案、对系统的影响以及应对方案等。

8.2 节首先从数据的角度描述了数据在分片后给系统带来的优势和挑战，介绍了常见的数据碎片分布策略以及具体的实现算法；然后介绍了业内两种典型的重分布方案；最后针对银行实际的数据重分布场景给出一个具体的在线重分布方案，此种方案简单、易实现，管理复杂度相对较低，线下数据迁移时间长，但可以通过控制迁移时间窗口将时间错开，避开业务高峰时间对线上交易的影响。

第 9 章

分布式数据库应用实践

银行业分布式数据库作为挑战性极高的系统性工程，其主要特征包括分布式事务支持、数据一致性支持、大容量、高并发、低耦合、高可靠以及线性扩展等。分布式数据库应用必然要结合分布式数据库的特点，扬长避短，在确保数据一致性的前提下，提高系统可用性和可靠性。

本章从分布式数据库集群规划、数据模型设计、联机交易开发实践、日终批处理开发实践以及运营管理共五个部分对分布式数据库应用实践进行阐述。

9.1 集群规划

9.1.1 概述

分布式数据库应用实践必须结合分布式数据库的特点，进行分布式集群规划，可以说分布式数据集群规划是整个分布式应用系统的关键。集群规划主要涉及存储规划和架构规划。集群规划原则包括以下几方面：

（1）冗余设计，不允许有单点设备。

（2）隔离性设计，一个或者一类应用产品对应一个物理性数据库集群，降低后续运维复杂度，同时也便于系统扩展。

（3）存储设计，数据节点的数据量不宜太大或者过少，数据量大影响操作效率,数据量小浪费资源。应该根据数据节点的读写 I/O 能力、系统性能要求等合理设计。

(4)架构组网,一个应用对应一个集群,全局事务管理器必须确保双活,计算节点至少要有两个,避免单节点组件的可用性瓶颈。网络环境要求双网甚至三网设计。

(5)系统配置应根据行业及业务重要度适度适量,不建议低配,也不建议超豪华配置。系统配置必须考虑可预期 3 倍能力扩展。

9.1.2 存储规划

在分布式数据库中,由于涉及分库分表存储,习惯上将数据存储节点以集群方式有机管理起来,我们将其称为数据库集群。

一个数据库集群包含多个数据安全组,在分布式数据库集群中体现为多个数据分片,每一个数据安全组内部可以是一主、一主一备或者一主多备方式的数据节点。

在分布式数据库中数据库集群、数据安全组及数据节点的关系如图 9-1 所示。

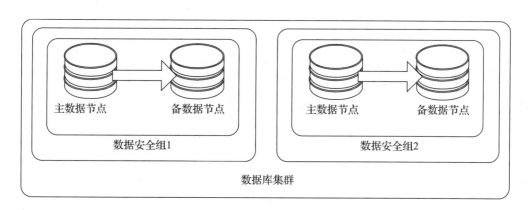

图 9-1 分布式数据库集群关系

在图 9-1 中,以主 / 备数据节点构建一个数据安全组,两个数据安全组构建一个数据库集群。

在分布式应用中,数据库集群规划要满足隔离性原则,即一个或者一类应用产品对应一个物理性数据库集群,以降低后续运维复杂度,同时也便于系统扩展。

为了体现分布式数据库海量、高并发的特性,一个数据库集群中至少应该包括 3 个数据安全组,建议每一个数据安全组以一主一备数据节点方式部署,在满足冗余要求的前提下,具备最高的性能。

建议每一个数据节点的容量为 1000GB 左右。不建议设计超大存储，超大存储容易导致数据操作效率相对低下。

数据安全组是否扩展由表的记录数及应用数据量最终确定，位于同一个数据存储组的单数据表建议不超过 1000 万（具体根据表字段数适当调整），否则扩展分片；如果数据安全组的数据总量超过设计容量的 40%，则也建议进一步扩展分片。

对于数据节点，根据应用特点进行磁盘配置，推荐如下：

（1）对于以读为主的应用，建议配以 SAS 盘，做成 RAD10。

（2）对于以写为主的应用，建议配以 SSD 盘，提高速度。对于高可靠性场景，可以进一步配置成 RAD10。

（3）对于读写类应用，建议利用 Flashcache 技术，将 SSD 和 SAS 虚拟成一个带缓存的块设备。利用 SSD 盘随机读写性能好的特点，将 SSD 作为 SAS 盘的缓存，以加速块设备的访问。

9.1.3 组网规划

遵循集群规划原则，系统架构性组网要充分考虑以下几点：

（1）遵循隔离性原则。一个或者一类应用产品对应一个物理性数据库集群，一个或者一类应用产品对应一组独立计算节点。

（2）遵循冗余原则。网络环境要求双网甚至三网冗余，计算节点至少有两个，数据节点至少有一主一备，其他管理节点也必须以主备或者双活方式工作。

（3）为了体现分布式数据库大容量及高并发的特性，数据库集群中的数据安全组要求在三个以上，计算节点必须在两个以上且实现负载均衡。

（4）考虑到全局事务管理器、计算节点和数据库集群之间信息交互频繁，要求它们在同一交换网下；其他交互频繁度不高的管理组件建议可以考虑纳入其他网段。

（5）考虑到分布式数据库的磁盘 I/O 和网络 I/O 需求极高，要求分布式数据库的相关组件全部部署在物理设备上。

（6）根据应用特点和要求，以市场主流高低设备合理地进行系统配置，配置立足于当前需求和未来可预期扩展。

分布式数据库典型组网如图 9-2 所示。

说明如下：

（1）管理控制台以双机主备关系部署，全局事务管理器双活部署。

（2）计算节点部署两套，避免出现单点故障，同时起到负载均衡的作用。

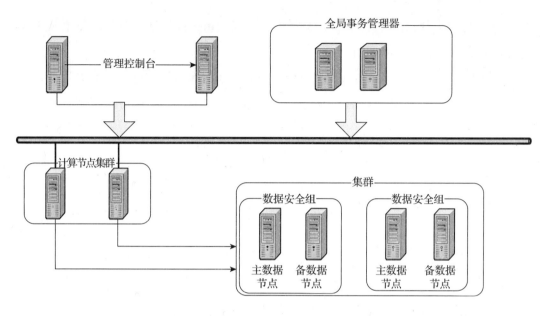

图 9-2　分布式数据库典型组网

（3）数据库集群中包含两个数据安全组，每一个数据安全组包括主备两个数据节点。

（4）网络环境要求双网冗余。

（5）服务器配置参考。以主流配置 2 路 6 核 CPU（2.1GHz 以上）64GB 内存/2 块 300GB 15krpm SAS 系统盘，2 块千兆网卡/电池/双电源模块支持热插拔。数据库节点另外配置：8 块 300GB 15krpm SAS 数据盘。可以根据实际情况进行调整。

9.2　数据模型设计

9.2.1　概述

数据模型设计是整个分布式应用的设计核心。合理设计数据模型，可以极大地提高应用系统的执行效率，改善系统性能。

分布式数据库的特点是海量、高并发及扩展性等，强调效率和性能，在数据库设计理念上和单机数据库有明显差异。其总体原则如下：

（1）减少分布式事务，分布式数据库支持分布式事务，但是分布式事务会降低系统效率和性能。必须通过数据库建模和业务流程控制，尽量减少分布式事务。

（2）避免跨节点关联性操作，关联性（比如 join、批量迁移等）操作语句尽可能直接下压 DB 执行或者只在同一个 DB 节点上执行。

（3）避免热点数据集中，合理选择分发策略，确保 DB 节点间的数据均衡。如果因为分发策略而导致产生热点数据，则可通过增加分发字段的方式，进一步细化数据分布形态。

（4）合理设计索引，提升高频业务及关键业务的数据查询效率。

（5）合理设计分区（partition），提高数据操作效率，降低数据维护成本。分区设计粒度需要结合业务数据量及运营维护综合考虑。

数据库模型设计主要包括以下三个部分：

（1）实体关系设计。

（2）表结构设计。

（3）表分布性设计。

9.2.2 实体关系设计

实体关系模型在数据库设计中体现为高层概念数据模型，用来描述数据库的结构、属性、索引和主键信息等，独立于具体数据库管理系统及硬件平台。

实体关系模型主要包括**实体**、**关系**、**属性**以及**约束**四个主要概念。

实体：在现实世界中独立存在的、可区别于其他对象的"对象"或"事物"，既可以是物理存在的对象，也可以是抽象存在的对象。

关系：实体与实体之间的关系。

属性：实体的特性或联系的特征都称为属性。

约束：一个实体中的实例与另一个实体中的每个实例相关联的数目。

实体关系设计对于数据库应用的意义重大，对分布式数据库来说，更有其重要意义，主要体现在以下方面：

（1）分布式数据库分布性设计基础。

（2）分布式数据库关联操作设计基础。

（3）分布式数据库性能优化基础。

（4）运营维护数据重分布方案的重要依据。

分布式数据库实体关系模型提供准确约束及清晰的关联关系。我们在实体关系建模时，采用了 UML 进行建模，卡中心某应用实体关系模型如图 9-3 所示，详细描述参见 9.3 节"联机交易开发实践"。

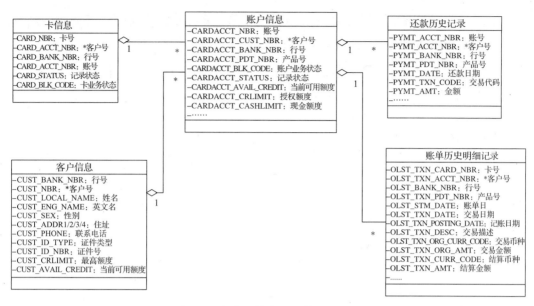

图 9-3　卡中心某应用实体关系模型

9.2.3　表结构设计

分布式数据库表结构设计在遵循传统非分布式数据库表结构设计的同时，还需要结合分布式数据库大容量、高并发及扩展性等特点进行适当调整。

分布式数据库表的一些设计原则和传统单机数据库的一些原则不同。

1. 去父子关系原则

尽量去除多个物理表之间存在的父子关系，提高性能，因为父子关系的存在会增加读写操作次数。

如果存在父子关系且父子关系表是分片表，则要求父子关系表的分发策略（分布性和分发键）一致，从而保证关联操作可以直接下压执行，提高执行效率。

如果存在父子关系且父子关系表不是分片表，则要求父子关系表位于同一节点，从而保证关联操作可以直接下压执行，提高执行效率。

2. 主从关系原则

对于主从关系，我们提出如下原则：

（1）主从关系原则上只能有 $1:m$ 的关系，如果必须存在 $1:1$ 的主从关系，则主表和扩展表的设计应该以"不增加事务处理步骤及表关联性"为前提。

（2）如果存在主从关系且主从关系表是分片表，则要求主从关系表分发策略（分布性和分发键）一致，从而保证关联操作可以直接下压执行，提高执行效率。

（3）如果存在主从关系且主从关系表不是分片表，则要求主从关系表位于同一节点，从而保证关联操作可以直接下压执行，提高执行效率。

3. 逆范式

在多个有关联关系的表中，可以通过增加关联字段，并将关联字段作为分发键，同时确保关联表的分布性一致，从而保证关联操作可以直接下压执行，提高执行效率。

以卡中心应用典型的卡、账号、客户和账单明细表为例，进行逆范式设计，在账单明细中逆范式增加客户号。四张表以客户号作为分发键，且分布一致，表关联操作可以直接下压 DB 执行，提高执行效率（见表 9-1）。

表 9-1 卡中心应用逆范式设计

卡表：卡号、客户号……
账户：账户号、客户号……
客户：客户号……
账单明细：账单号、卡号、账户号……逆范式增加客户号

分布性：四张表以客户号作为分发键，且分布一致
效果：表关联操作可以直接下压 DB 执行，提高执行效率

在分布式数据库应用项目实施时，我们提出一个原则：以控制事务处理步骤及表关联性为前提，根据去父子关系原则、去主从关系原则及逆范式技巧，进行实体及关系表合并，结合业务流程的适当调整，将关联操作表控制在三个以下，且在关联操作中只有一个大表，其他都是小表。对于关联性大表做 hash/range/list 控制性分布，对于小表以复制表方式分布。关联操作要么只在一个节点生效，要么可以整句下压，充分发挥分布式数据库的大容量、高并发特性，在降低因为分表带来的操作复杂性的同时，极大地提高了性能。

分布式数据库数据的最终存储位于单机数据库，单机数据库的综合性能对分布式应用的贡献极大。在性能优化设计方面，单机数据库的分区以及索引设计技术也需要特别考虑。

1. 主键设计

分布式数据库要求所有数据库表都必须有非空主键，基于全主键的写事务，我们将启用乐观锁机制，对流程进行优化，以提高执行效率。

乐观锁流程优化的应用场景如下：在分布式事务写场景中，每次 Update/Delete

操作都会先执行 Select for Update 操作获取 GTID 并锁定数据，在确定数据非脏之后，再执行 Update/Delete 操作，这样设计的好处是可以确保本次操作不会修改其他分布式事务正在处理的数据；缺点是每笔操作至少访问两次数据库，性能较低。

在交易系统中，90% 的写操作都是通过主键约束的，每次只访问一个节点，只有 10% 的操作需要涉及两个以上的节点，但那 90% 的操作都需要额外执行一次 Select for Update，对性能的影响较大。

优化思路

针对 90% 的通过主键查询、只访问一个节点的写操作，采用乐观锁方案，即在 Update/Delete 操作时，将查询到的活跃 GTID 作为查询条件加到 Update/Delete 后面，以表 tb（id key，name，phone，GTID）举例如下。

分布事务 Update：update tb set name = 'xx' where id=1。

非优化方案执行两条语句，如下：

```
Select id,GTID from tb where id=1 for update;
update tb set name= 'xx' where id=1
```

优化方案执行一条语句，如下：

```
update tb set name= 'xx' where id=1 and GTID not in (Active GTIDs) and GTID <=maxActiveGTID
```

2. 分区设计

对于交易系统中含有操作时间/发生时间信息的数据库表，考虑到日常数据操作以及定期维护需要，以操作日期/发生日期为 partition 分区字段，并在 DML 语句中尽可能地增加分区字段作为 where 条件，大大提高了操作及维护效率。

partition 设计粒度需要结合业务数据量及运营维护综合考虑。

3. 索引设计

综合单机数据的索引技术，为关键性核心业务流程查询字段定义索引，降低单机数据的操作耗时，可以大大提高分布式数据库的数据操作效率。

9.2.4　表分布性设计

数据库表分布性主要包括：散列、范围、列表、复制，其主要使用场景如下。

(1)散列分发:适用于将数据均匀地分布到预先定义的各个 DB 上,保证各 DB 的数据量大体一致,在一般情况下不需要关心分发字段值的具体含义。对于等值操作的表特别适合。

(2)范围分发:适用于指定一个给定的列值或列值集合应该保存在哪个 DB 上,常用于时间字段上,比如数据按照自然月或天来分布存储。

(3)列表分发:适用于含有一系列特定值的列的场景,比如按照机构编号分发的场景。

(4)复制分发:适用于不常修改的小表,或者在连接和子查询中使用的表。其主要目的是减少节点间网络数据的传输,以提高查询的性能。

分布式数据库自身具有海量、扩展性强及高并发等特点,强调效率和性能,在数据库设计理念上和单机数据库有些差异。其总体原则如下:

(1)关联性(比如 join、批量迁移等)操作尽可能在同一个 DB 节点完成或者语句直接下压,避免跨节点关联。

(2)针对多节点分布存储的表,在采用散列/范围/列表分发策略时,尽量保持各个 DB 节点上的数据量均衡,在并行计算时会有更高的性能表现。

(3)主文件类的表优先考虑用散列分发策略,分发键使用业务主键,对于联机和批量同时存在的情况优先保障联机场景。其他场景优先考虑使用范围/列表分发策略。

(4)避免热点数据的过分集中,如果因为分发策略导致产生热点数据,则可通过增加分发字段的方式,使数据分布进一步细化。热点可通过各个数据分片(group)的各项指标综合判断。

影响数据库表分布性的关键要素包括数据规模、关联关系、常用操作(见表 9-2),在表的分布式设计过程中,重点提供表的增长模型、关联操作以及批量迁移操作等。

增长模型要素包括数据总量、增长速率、更新速率及单条记录。

关联操作要素包括关联表、关联字段、操作类型和关键约束。

批量迁移操作体现的也是关联操作,其操作要素包括关联表和迁移操作。

表 9-2 表分布性的设计要素

增长模型	数据总量	增长速率	更新速率	单条记录
	2000 万条	每日增加 6 万条	每日 20 万条	2000 字节
关联操作	关联表	关联字段	操作类型	关键约束
	T1	A=T1.A	SELECT	A
	T2	B=T2.B	UPDATE	B

（续）

	关联表	迁移操作
批量迁移	T1	INSERT INTO T1(……) SELECT V1,V2… FROM T1
	T2	SELECT V1,V2… INTO T1 FROM T2 WHERE

9.3 联机交易开发实践

9.3.1 模型设计

以信用卡某分布式数据库批处理应用为例，在该应用中，为了降低对在线应用的影响，将卡信息、账户信息、客户信息、交易流水分为在线类表和账务类表（非在线表）。批处理应用将入账 UIT 文件和在线授权流水信息同步到财务类表中，批处理应用的典型业务流程如下：

（1）解析入账 UIT 文件，根据卡号等信息更新授权流水表及财务类表（账户表和客户表）。

根据入账文件当前记录的卡号、商户号、授权号、交易时间、交易日期查找授权流水表记录。

1）如果授权流水表中的记录不存在，则直接更新财务类表。

2）如果授权流水表中的原状态为"已入账且未对销"，则更新授权流水表的交易流水状态为已入账且已对销，不更新财务类表。

3）如果授权流水表中的原状态为"已入账且已对销"，则忽略该入账记录。

4）如果授权流水表中的原状态为"未入账且未对销"，则更新流水表状态为"已入账且已对销"，更新财务类表。

更新财务类表的规则如下：

1）根据入账文件卡号、交易类型（分借、贷方交易方向）更新账户表。

2）根据入账文件卡号、交易类型（分借、贷方交易方向）更新客户信息表。

（2）导出交易流水状态为"未入账且未对销"的授权流水表，更新财务类表用户额度。

1）根据授权流水文件当前记录的卡号、商户号、授权号、交易时间、交易日期查找授权流水表，更新交易流水状态为"已入账且未对销"。

2）更新财务类账户信息表，交易金额为正时是借方交易，交易金额为负时为贷方交易。

3）更新财务类客户信息表，交易金额为正时是借方交易，交易金额为负时为贷方交易。

（3）复制一份财务类表，称为财务类备份表。财务类备份表预先创建，每次复制时先清空（truncate）财务备份表，再从财务类表中导入数据。

（4）暂停交易。

（5）补数处理。导出授权流水表在执行步骤2和步骤3期间新产生的"未入账且未对销"的授权流水，更新财务类备份表。更新规则如下：

1）更新财务类账户信息表，交易金额为正时是借方交易，交易金额为负时为贷方交易。

2）更新财务类客户信息表，交易金额为正时是借方交易，交易金额为负时为贷方交易。

（6）备份在线类表，在线类表命名规则：表名_YYYYMMDDHiMiSS（新表名不存在）。

（7）将账户备份表重命名为在线类表。

（8）继续交易。

业务流程如图9-4所示。

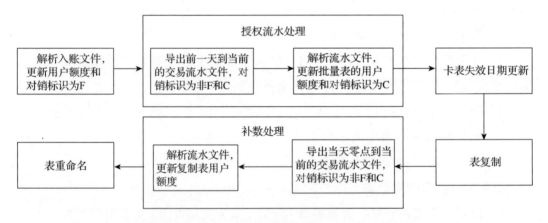

图9-4 信用卡某分布式数据库批处理应用业务流程

在图9-4中C表示已经做入账处理，但是未对销；F表示已经做入账处理，并且已对销。

1. 实体关系设计

结合业务特点，该应用中，除授权流水实体外，实体信息主要包括卡信息、账户信息、客户信息、还款历史记录、账单历史明细记录等。实体关系模型如图9-5所示。

2. 表设计

表设计沿用实体关系中卡信息、账户信息、客户信息、还款历史记录及账单历史明细记录。

对于卡信息、账号信息、客户信息，在实体建模时已包括客户号信息（见实体模型中卡信息、账号信息、客户信息带 * 特性字段），而在还款历史记录及账单历史明细记录中，不包括客户号（见实体模型中还款历史记录及账单历史明细记录带 * 特性字段，该字段在实体建模时实际不存在，为方便描述特意标注）。

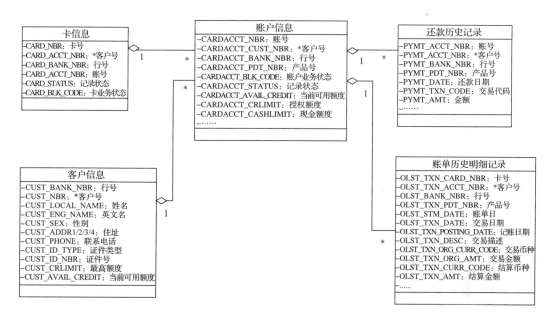

图 9-5　信用卡某分布式数据库批处理应用实体关系模型

在设计分布式数据库时，采用逆范式设计，在还款历史记录及账单历史明细记录中逆范式增加客户号；同时五张表以客户号作为分发键，Hash 分布。五张表之间的关联操作可以直接下压数据库执行，提高执行效率，如表 9-3 所示。

表 9-3　信用卡某分布式数据库批处理应用逆范式设计

卡表：卡号、客户号……
账户：账号、客户号……
客户：客户号……
账单明细：卡号……逆范式增加客户号
还款历史：账号……逆范式增加客户号
分布性：四张表以客户号作为分发键，且分布一致
效果：表关联操作可以直接下压 DB 执行，提高执行效率

9.3.2 应用开发

考虑到分布式数据库具有前瞻性探索原因，我们在联机交易开发中，要求应用同时支持分布式数据库和 DB2，以备在分布式数据库异常而出现无法解决的问题时，具备逃生通道。

（1）Mybatis 框架通过 c3p0 连接池分别访问分布式数据库和 DB2 两个数据源。mybatis-config 中的数据源配置如下：

```xml
<environments default="port1">
<environment id="port1">
<transactionManager type="JDBC" />
<dataSource type="com.demo.datasource.C3P0DataSourceFactory">
<property name="driverClass" value="com.ibm.db2.jcc.DB2Driver" />
<property name="jdbcUrl" value="jdbc:db2://10.47.160.131:4534/gpending" />
<property name="user" value="db2iadm1" />
<property name="password" value="db2iadm1" />
<property name="idleConnectionTestPeriod" value="60" />
<property name="minPoolSize" value="13" />
<property name="initialPoolSize" value="13" />
<property name="maxPoolSize" value="20" />
<property name="maxIdleTime" value="600" />
<property name="preferredTestQuery" value="select VERSIONNUMBER from sysibm.sysversions" />
</dataSource>
</environment>
<environment id="port2">
<transactionManager type="JDBC" />
<dataSource type="com.demo.datasource.C3P0DataSourceFactory">
<property name="driverClass" value="com.mysql.jdbc.Driver" />
<property name="jdbcUrl" value="jdbc:mysql://10.46.180.240:7778/portal" />
<property name="user" value="root" />
<property name="password" value="db10$ZTE" />
```

```xml
    <property name="idleConnectionTestPeriod" value="60" />
    <property name="minPoolSize" value="13" />
    <property name="initialPoolSize" value="13" />
    <property name="maxPoolSize" value="20" />
    <property name="maxIdleTime" value="600" />
    <property name="preferredTestQuery"
    value="set autocommit=1" />
    </dataSource>
    </environment>
</environments>
```

说明如下：

1）environments 标签中配置了两个 environment，分别为 port1 和 port2。

2）port1 下的数据源指向 db2，而 port2 下的数据源指向分布式数据库。

两个数据源连接池同时只能有一个生效，依赖于 environments 标签中配置的 default 值，default 值为 port1 时连接到 id 为 port1 的 environment 所指向的数据源，即 db2；反之则连接分布式数据库。

（2）动态 SQL。首先需要在 MyBatis 配置文件中，配置 databaseIdProvider 标签。

databaseIdProvider 标明当前系统支持的数据库，参见如下定义，支持 DB2 和 MySQL。

```xml
    <!-- 多数据库配置通过 databaseId 匹配 -->
    <databaseIdProvider type="DB_VENDOR">
<property name="DB2" value="db2" />
<property name="MySQL" value="mysql" />
    </databaseIdProvider>
```

MyBatis 通过 databaseId 标识在 GoldenDB 和 DB2 之间进行 SQL 组合，参见如下 DB2 和 MySQL 的两个 SQL 语句。

```xml
<insert id="insert"
parameterType="com.demo.focus.TFocus" databaseId='db2'>
    insert into t_pw_focus(userid,prodid,prodname,prodcode,
```

```
    prodtype,focustime)
    values(#{userid},#{prodid},'prodname_db2',#{prodcode},
    #{prodtype},#{focustime})
</insert>
<insert id="insert"
parameterType="com.demo.focus.TFocus" databaseId='mysql'>
    insert into t_pw_focus(userid,prodid,prodname,prodcode,
    prodtype,focustime)
    values(#{userid},#{prodid},'prodname_goldendb',
    #{prodcode},#{prodtype},#{focustime})
</insert>
```

（3）性能优化。在进行联机交易开发实践时，性能优化作为系统的重中之重，需要重点加以考虑。除了前述数据模型设计时强调的优化原则以外，在具体的 DML 层面也必须加以保证。

1）对于分布表的精确操作，尽可能地将分发键作为 SQL 语句 where 条件的一部分，使 SQL 操作定位到单一 DB 节点，减少资源损耗，提高效率。

2）涉及片内分区的表操作，Partition 字段尽可能地作为 SQL 语句 where 条件的一部分，在片内分区层面进一步提高运行效率。

3）涉及多表关联操作的 SQL 语句，尽可能地使 SQL 语句可以直接下压执行。

4）控制关联操作的复杂度，要求关联表不超过 4 个。

5）尽量避免大结果集查询显示，对于大结果集查询显示，通过 limit 加以限制。

6）对于写操作，要合理利用乐观锁带来的优化效果。

7）在 DML 的 where 条件中，规避使用多列 in 操作，比如：(a, b) in((),(),…)，用 (a= and b =) or (a= and b =) or ……代替。

8）根据应用场景，合理启用读写分离机制，减轻数据库主机的运行压力。

9）对于适合分次大小表 Join 操作，建议直接以 where in 方式代替。比如：
JOIN 语句：select …… from t1 join t2 on t1.a = t2.a where ……

其中 t1 为大表，t2 为小表。

可以 select…… from t1 where t1.a in (select t2.a from t2 where ……) and……代替原 JOIN 语句。

10）单条 SQL 不建议开启事务，对于分布式数据库，因为涉及的计算节点更多,开启事务后性能损耗更大。

11)确保常用、核心及关键 DML 都通过 EXPLAIN 进行分析,确认相应 DML 都是按照预期的优化流程执行。

9.3.3 性能指标

随着银行业数字化的发展,技术上要求数据存储层支持海量交易和超大规模数据,而中信银行原核心系统运行在 IBM AS/400 小型机上,IBM 已不再对该产品线进行发展,面临产品的系统升级和技术支持下降的风险。为解决该问题,中信银行启动核心系统下移 X86 架构的分布式架构项目。

本节以中信银行核心下移过程中进行的典型交易场景性能测试为例,说明利用分布式的特点和优势。

预置条件:3 亿客户、15 亿账户。

测试场景:1045 转账(对私转对私)和 1107 明细查询混合交易,转账和查询交易比例为 1∶4。

测试约束:不考虑热点账户。

测试组网及配置如图 9-6 所示。

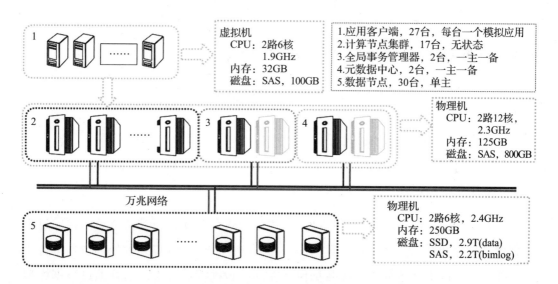

图 9-6　核心下移典型交易性能测试组网及配置

测试结果如表 9-4 所示。

表 9-4 核心下移典型交易性能测试结果

场景类型	交易名称	并发数	执行时间(s)	TPS	QPS	平均交易时延(ms)	最小交易时延(ms)	最大交易时延(ms)	成功数	交易数	交易成功率
混合交易 30分片 无备机 15Proxy 3亿		1 045	2 250	600	6 569	321 881	340	57	1 144	3 955 922	3 955 922	100%
		1 107	1 250	600	30 128	150 640	40	6	716	18 142 693	18 142 693	100%
	合计	3 500		36 697	472 521	94			交易占比	18%	
混合交易 30分片 无备机 15Proxy 3亿		1 045	2 625	600	6 726	329 574	387	56	954	4 052 700	4 052 700	100%
		1 107	1 375	600	29 489	147 445	45	6	336	17 768 110	17 768 110	100%
	合计	4 000		36 215	477 019	94			交易占比	19%	
混合交易 30分片 无备机 17Proxy 3亿		1 045	2 835	600	7 675	376 075	366	57	1 018	4 623 752	4 623 752	100%
		1 107	1 485	600	3 3105	165 525	44	5	321	19 944 626	19 944 626	100%
	合计	4 320		40 780	541 600	104			交易占比	19%	

在 15 个 Proxy、30 个数据分片，4000 并发时，核心系统典型混合交易 TPS 达到 36 215，其中转账交易 TPS 达到 6726，QPS 达 329 574；明细查询交易 TPS 达到 29 489，QPS 达 147 445；性能瓶颈为 Proxy。

在 17 个 Proxy、30 个数据分片，4320 并发时，核心系统典型混合交易 TPS 达到 40 780。随着 Proxy 的增加，性能还可以持续提升，理论上，30 个数据分片支持 Proxy 扩展到 30 个。

9.4 日终批处理开发实践

9.4.1 单节点存储过程

目前，分布式数据库实现了直接下压的分布式存储过程，支持节点内存储过程的创建、删除和调用。在分布式数据库应用实践中，对涉及日终批处理数据进行优化设计，尽可能地让批处理相关数据保存在同一数据存储节点。这样通过数据模型和存储过程优化设计，可以满足大多数应用需求。

以信用卡某分布式数据库批处理应用为例，我们截取"导出交易流水状态为'未入账且未对销'授权流水表，更新财务类表用户额度"流程进行单节点存储过程处理，其流程如下：

（1）根据授权流水文件当前记录的卡号、商户号、授权号、交易时间、交易日期查找授权流水表，更新交易流水状态为"已入账且未对销"。

（2）更新财务类账户信息表，交易金额为正时为借方交易，交易金额为负时为贷方交易。

（3）更新财务类客户信息表，交易金额为正时为借方交易，交易金额为负时为贷方交易。

在该应用中，由于采用逆范式设计，将客户号作为分发键，按同样的分发规则定义卡信息、账户信息、客户信息、授权交易流水表的分布性。

利用交易流水更新财务类账户信息表、财务类客户信息表，以及更新交易流水状态为已入账且未对销，这些操作可以直接通过透传存储过程实现。

单节点存储过程涉及存储过程定义和存储过程调用两个方面。

1. 存储过程定义

参见前述的基本流程，我们简要定义存储过程如下：

```
delimiter $$
USE StarCard $$
DROP PROCEDURE IF EXISTS pro_auth_tran_log $$
CREATE PROCEDURE proc_auth_tran_log (trandate int)
Begin
DECLARE done INT DEFAULT 0;
……
DECLARE auth_tran_log_cur CURSOR FOR
selectcard_nbr,cust_nbr,limit_code,tran_time,tran_limit
from  t_auth_tran_log
-- C 表示已经做入账但未对销处理；F 表示已经做入账并且已对销处理
where status <> 'C' and status<> 'F' and
tran_time>=000000 And tran_time<240000
tran_date = trandate;
open auth_tran_log_cur;
REPEAT
   FETCH auth_tran_log_cur
INTO cardnbr,custnbr,limitcode,trantime,tranlimit;
   if not done then
```

```sql
-- 更新交易流水状态 "已入账且未对销"
update t_auth_tran_log set status = 'F'
where card_nbr = cardnbr and cust_nbr = custnbr and
limit_code = limitcode and tran_time = trantime;
-- 更新财务类账户信息表
    update t_acct_credit_limit
set avail_credit= avail_credit + tranlimit
where card_nbr = cardnbr and cust_nbr = custnbr and
limit_code = limitcode and tran_time = trantime;
-- 更新财务类客户信息表
update t_cust_credit_limit
set curr_credit = curr_credit + tranlimit
where card_nbr = cardnbr and cust_nbr = custnbr and
limit_code = limitcode and tran_time = trantime;
    end if;
UNTIL done END REPEAT;
CLOSE auth_tran_log_cur;
end
;
$$
```

2. 存储过程调用

存储过程调用很简单，直接将入参传递存储过程即可，如下：

```sql
delimiter ;
call pro_ auth_tran_log(20161125);
-- 日期作为入参
```

9.4.2　游标式操作

对于涉及跨节点数据的批处理操作，采用分布式数据库的游标式操作实现。

以银行客户账户结息为例，考虑到客户账户之间随时可能触发跨节点分布式事务数据变更这样的转账操作，不适合采用存储过程进行处理，考虑到结果集可能非常大，只能采用游标式操作。实现机制如下：

（1）在应用客户端，使用 MyBatis 的 FetchSize 功能，通过分段的方式从分布

式数据库服务端获取数据。在遍历结果集时每次获取 FetchSize 值大小的行数，然后逐条进行处理。客户端结息更新账户信息前对更新记录加更新锁后，完成记录的结息。

（2）在分布式数据库内，计算节点接收应用端发来的 set_FetchSize 参数和不带 for update 的查询语句，完成语法树分析，生成执行树。执行树执行后，根节点结果集缓存，以 Fetch 返回客户端。

对应用客户端的相关配置说明如下：

数据源配置：

```
<property name="jdbcUrl"
value="jdbc:mysql://10.46.180.240:5518/portal?useCursorFetch=true" />
```

GoldenDB 的数据源需要加配"useCursorFetch=true"，开启 fetch 模式。

MyBatis Mapper 配置：

```
<select id="selectAll" resultType="com.demo.iptv.TFocus "fetchSize="1000">
    select userid,progid,progname,focustime ……from iptv_prog_focus
</select>
```

加配 fetchSize="1000"，表示本查询每次从服务端获取 1000。

9.5 运维管理

9.5.1 系统安装和升级

通过操作维护界面（OMM）实现系统的自动化安装与升级，包括：

（1）通过界面进行安装、升级配置，配置完成后一键即可完成安装。支持 DB Proxy、DB、GTM、Proxy Manager、Cluster Manager、Load Server、Metadata Server 自动化安装及升级。

（2）在接口和数据格式兼容的情况下，支持不停服务升级组件版本。

（3）与 SQL 执行无关的组件升级不影响对外服务。

（4）支持计算节点和数据库节点的批量安装和升级。

9.5.2 系统扩容

系统扩容分为横向扩容和纵向扩容。所谓横向扩容，是指在系统配置不变的前提下，通过增加系统主机数量达到扩容效果；所谓纵向扩容，是指在系统主机数量不变的前提下，通过提高设备配置实现扩容。纵向扩容不在本书讨论的范围内，以下重点论述横向扩容。

分布式数据库的低耦合、可扩展性，决定了横向扩容的重要意义。系统扩容建立在系统运行性能瓶颈的分析基础上，根据瓶颈点确定扩容方案系统。

扩容的原因主要有以下两种：

（1）系统长期运营后，由于数据量发生海量级增长，原系统存储能力受限。

（2）系统并发度超预期，原系统处理能力不足。

扩容的方式主要包括以下三类。

1. 计算节点扩容

如果分析发现瓶颈出现在计算节点上，则需要在计算节点层面进行扩容。单纯的计算节点扩容比较简单，只需要在线增加计算节点，并对应用生效即可。

2. 数据库集群扩容

数据库集群瓶颈包括：①存储能力受限；② SQL 语句优化后，执行耗时超预期。

如果分析发现瓶颈出现在数据库集群上，则需要在数据库集群层面进行扩容。同样，单纯的数据库集群扩容比较简单，只需要在线增加存储节点，生效后通过数据重分布将存储或者执行压力分开。

3. 全局事务管理器扩容

如果分析发现瓶颈出现在全局事务管理器（GTM）上，则需要进一步分析该 GTM 对应的应用特点。如果 GTM 对应的应用有其独立性，比如该 GTM 所管应用是由多个应用组成的，且各自对应独立的数据库集群，则可以横向扩充 GTM，并将部分应用从原 GTM 中迁出，以降低原 GTM 的运行压力。如果瓶颈 GTM 只管理一个应用，则需要由业务层面对应用进行有效分解，将一个应用分解成多个相对独立的应用，多个独立应用分摊到多个 GTM 中实现扩容。

需要在应用层面进行应用分解的扩容，不支持在线 GTM 扩容。

仅仅是调配式的 GTM 扩容，支持在线扩容。

整个系统扩容必须建立在严谨分析、严格验证、谨慎实施的基础上，尽量不影响业务运行，实施在线扩容。

9.5.3 系统监控

1. 拓扑图

系统拓扑图展示系统整体组件逻辑关系，包括以下内容：

（1）DB Proxy 和集群的关系。

（2）展示 Cluster 集群、DB Group 层及各 DB 节点的逻辑关系。

（3）拓扑图可展示各组件的状态和主备情况，包括：DB 节点的主备关系；GTM、ClusterManager、ProxyManager 的双活情况；DB Proxy、DB、GTM、Metadata Server、Proxy Manager、Cluster Manager 等组件的状态（各组件主动上报）。

（4）展示各组件的告警信息情况，包括：该节点有告警信息，支持闪烁提示，并且存在告警概况信息，比如告警条数等。用户点击后可直接连接到告警处理页面。

通过图形化拓扑图直观地展示系统组件部署架构及运行情况，运维人员在拓扑图上可直接获取应用的健康度、繁忙度、可用度及运行网络流程指标；双击应用后可展开应用下的虚拟机并能查看到虚拟机的 CPU 使用率、内存使用率、磁盘繁忙比和网络流程信息。当虚拟机发生故障时，虚拟机图标会根据不同类型显示出不同的告警颜色，便于维护人员及时获知（见图 9-7）。

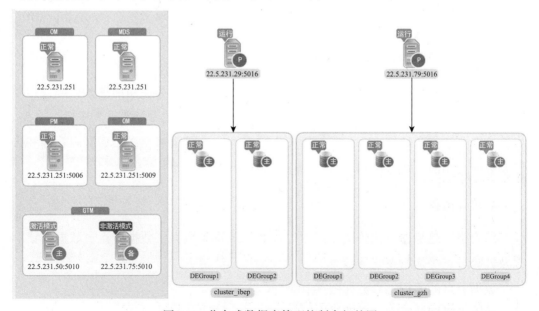

图 9-7　分布式数据库管理控制台拓扑图

2. 资源管理

资源管理包括组件监控、新增、修改、删除等功能，负责对系统进行组网规划，把各设备节点的物理和逻辑信息纳入管理。新增加的组件处于未管理状态，可以修改或删除。一旦把组件信息发送给元数据中心管理后，组件信息不可以修改或删除。从元数据中心删除组件信息，同时处于未管理状态后，才能删除或修改（见图 9-8）。

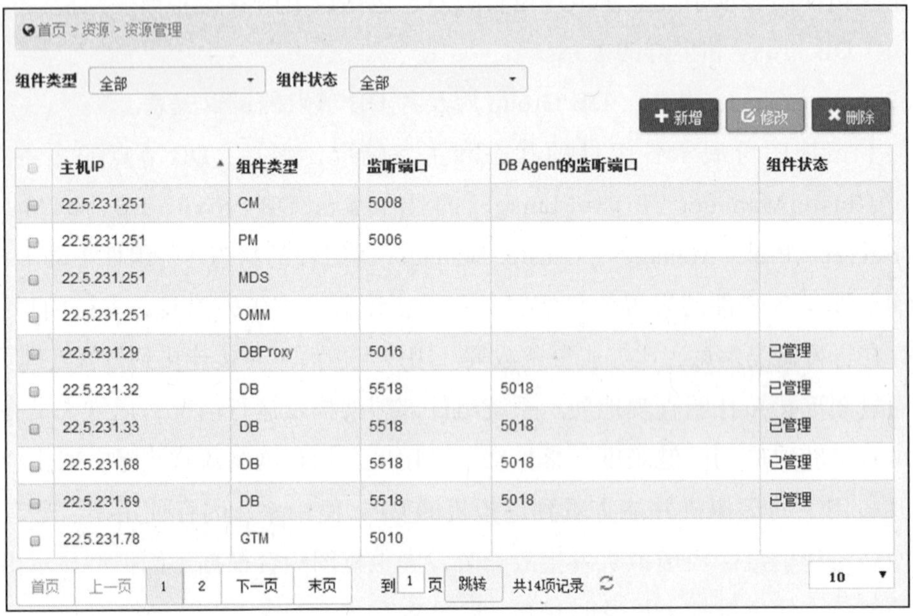

主机IP	组件类型	监听端口	DB Agent的监听端口	组件状态
22.5.231.251	CM	5008		
22.5.231.251	PM	5006		
22.5.231.251	MDS			
22.5.231.251	OMM			
22.5.231.29	DBProxy	5016		已管理
22.5.231.32	DB	5518	5018	已管理
22.5.231.33	DB	5518	5018	已管理
22.5.231.68	DB	5518	5018	已管理
22.5.231.69	DB	5518	5018	已管理
22.5.231.78	GTM	5010		

图 9-8　分布式数据库管理控制台资源管理

3. 统一告警和通知功能

当在运行过程中发生异常情况时，系统及时发出告警和通知信息，提醒并指导运维人员进行相应的告警处理；按照告警的严重程度细化为：严重、主要、次要、告警、重要通知和通知；并且支持历史告警查询、告警策略定义、告警码管理和告警参数配置功能（见图 9-9）。

4. 统计监控

以表格、趋势图、比较图、饼图等各种方式直观地提供数据节点、数据库集群以及计算节点等运行态统计信息。

数据节点的运行态参数如图 9-10 所示。

数据库集群的运行态参数如图 9-11 所示。

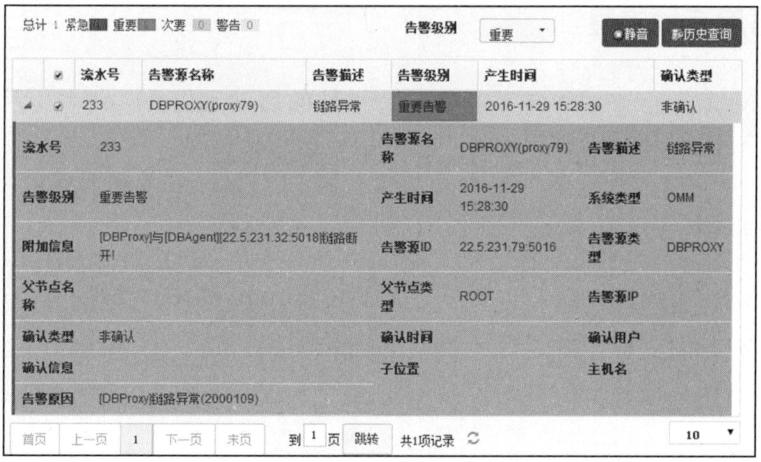

图 9-9　分布式数据库管理控制台告警管理

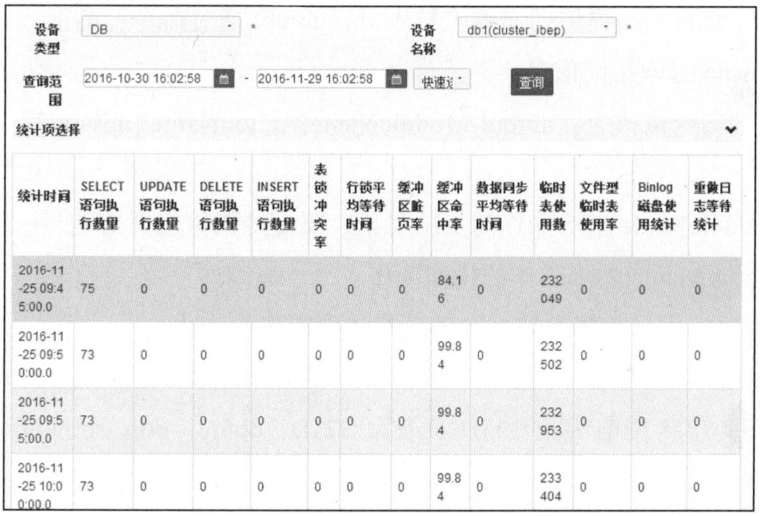

图 9-10　分布式数据库管理控制台数据节点的运行态参数

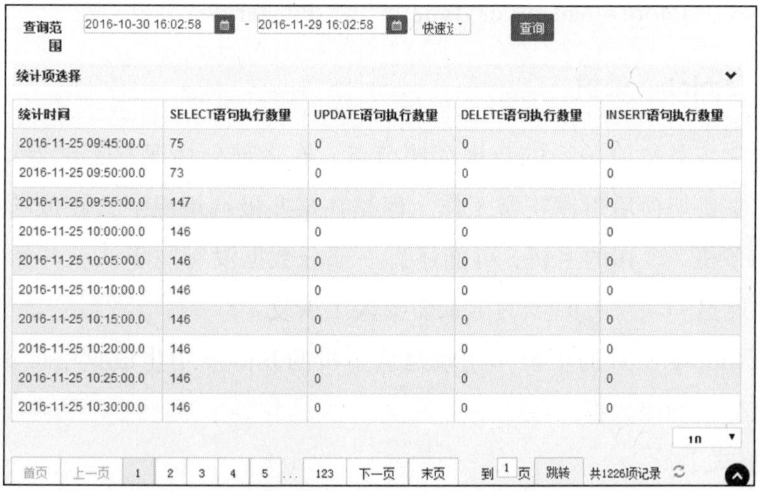

图 9-11　分布式数据库管理控制台数据库集群的运行态参数

9.5.4 常用运维工具

系统提供命令行方式运维工具，支持组件的启动和停止、组件运行状态管理、数据的导入导出、链路信息的查看、各种配置信息管理等。

1. 系统启停

提供标准的系统启停及运行状态查看工具 dbstart/dbstat/dbstop。

提供监控状态监控方式启停工具：dbmoni-start/stop。在系统组件运行异常时，监控方式下启动的组件可以自动重新启动。

2. 常用运维工具 dbtool

dbtool 工具是系统提供的运维工具入口，dbtool 通过命令行的形式提供。

dbtool-help 打印帮助信息。

dbtool 的命令格式为：dbtool-ModuleName-ActionName [options]。

其中：

（1）ModuleName 表示操作的实施对象，既支持全称也支持缩写。

（2）ActionName 表示具体的操作动作。

（3）options 表示具体参数，会随着具体的操作而变化。

例如，查看 GTM 运行状态命令：dbtool -gtm -state。

查看集群 7775 当前活跃 GTID 及最大 GTID：dbtool -gtm -show-gtid -cluserid=7775。

数据导出：dbtool -loadserver-type = "out" -clusterid=? -sql = "?"。

数据导入：dbtool -loadserver -type = "in" -clusterid=? -sql = "?"。

3. 差异化 binlog 维护

针对建立主备复制关系的数据存储节点，在大部分情况下都能保证主备同步，发生成功的主备切换后可以正常工作。但是在某些极端情况下，在成功的主备切换后，原来的备机（现在的主机）可能还有一部分数据没有同步，就开始处理新的外界事务，因此这一块没有同步的记录需要人工恢复。

差异化 binlog 工具的主要作用就是从主机的 binlog 中生成这一段记录的语句。在备机中执行，确保数据一致。

【命令格式】

./ddbbinlog --start-gtid-pos=xx-xx-xxxxxxx --binlog-path=xxxxxxx --out-sql-file=xxxxx -hxxxx -Pxxxx -uroot -p'xxx'

【参数说明】

start-gtid-pos 用来指定开始生成语句的 GTID 位置。

binlog-path 用来指定 binlog 文件（最新的 binlog）的位置。

out-sql-file 用来指定输出差异化 SQL 语句的文件位置。

-hxxxx -Pxxxx 指定数据库 ip 和端口。

-uroot -p'xxx' 指定连接数据库用户和密码。

9.6 本章小结

分布式数据库的特点是大容量、低耦合、高可用、在线线性扩展，金融类联机交易业务还特别强调数据强一致性、分布式事务支持、高可靠两地三中心支持等。

本章从分布式数据库应用实践的角度，阐述了分布式数据库集群规划、数据模型设计的要点和原则，并结合银行实际的联机交易开发实践和日终批处理开发实践，着重阐述了分布式数据库和传统关系数据库的开发差异以及需要重点关注的因素，最后对分布式数据库运维所具有的特色要点进行了阐述。

9.1 节集群规划阐述了分布式数据库在集群层面满足大容量、冗余、隔离性、高并发、高性能等特点时的规划性考虑。

9.2 节数据模型设计从分布式数据库的特点出发，阐述了分布式数据库实体关系、表结构、表分布性以及性能优化等各方面的设计要求。

联机交易开发和日终批处理是金融类业务的典型应用场景，9.3 节和 9.4 节结合分布式数据库的特点对联机交易开发和日终批处理开发进行了实践性阐述。

9.5 节结合分布式数据库的特点，从系统扩容、系统监控以及运维工具等方面对分布式数据库在金融场景下的运营维护进行了阐述。

附　　录

术语表

英文简称	英文全称	中文术语	备注
Proxy	Proxy	计算节点	
Proxy Cluster	Proxy Cluster	计算节点集群	
DB	DB	数据节点	
DB Group	DB Group	数据安全组	
DB Cluster	DB Cluster	数据节点集群	
MDS	Metadata Server	元数据管理器	管理节点
PM	Proxy Manager	计算节点管理器	
CM	DB Cluster Manager	数据节点集群管理器	
OMM	Operation Maintenance and Manager	管理控制台	
GTM	Global Transaction Manager	全局事务管理器	
binlog	Binary Log	数据库日志	
RPO	Recovery Point Objective	恢复点目标	
RTO	Recovery Time Objective	恢复时间目标	
Redo log	Redo log	重做日志	
MVCC	Multi-version Concurrency Control	多版本并发控制	
WFG	Global Wait-for Graph	全局等待图	

参考文献

[1] GILBERT S, LYNCH N. Brewer's conjecture and the feasibility of consistent, available, partition-tolerant Web services[J]. ACM SIGACT news, 2002, 33(2): 51-59.

[2] SILBERSCHATZ A, KORTH H F, SUDARSHAN S. 数据库系统概念: 原书第4版 [M]. 杨冬青, 唐世渭, 等译. 北京: 机械工业出版社, 2003: 398.

[3] GARCIA-MOLINA H, ULLMAN J D, WIDOM J. 数据库系统实现: 英文第2版 [M]. 北京: 机械工业出版社, 2010: 998.

[4] HAERDER T, REUTER A. Principles of transaction-oriented database recovery[J]. Computing surveys, 1983, 15(4): 287-317.

[5] PORTS D R K, LISKOV B. Transactional consistency and automatic management in an application data cache[C]// USENIX Conference on Operating Systems Design & Implementation. [S. L.]: USENIX Association, 2010.

[6] ISO / IEC. Information technology—open systems interconnection—distributed transaction processing—Part 1: OSI TP Model: ISO/IEC 10026-1: 1998 [S]. London: BSI, 1998.

[7] The Open Group. Distributed transaction processing: the XA specification[Z]. X/Open Company, 1991.

[8] BERNSTEIN P A, HADZILACOS V, GOODMAN N. Concurrency control and recovery in database systems[M]. London: Addison Wesley Publishing Company, 1987.

[9] DALE S, STONEBRAKER M. A formal model of crash recovery in a distributed system[J]. IEEE transactions on software engineering, 1983, 9(3): 219-228.

[10] VOGELS W. Eventually consistent[J]. Communications of the ACM, 2009, 52(1): 40-44.

[11] PRITCHETT D. Base: an acid alternative[J]. Queue, 2008, 6(3): 48-55.

[12] 姜翠霞. 数据库系统基础 [M]. 北京: 北京航空航天大学出版社, 2009.

[13] LAMPORT L. The part-time parliament[J]. ACM transactions on computer systems, 1998, 16(2): 133-169.

[14] LAMPORT L. Paxos made simple[J]. ACM SIGACT news, 2001, 32(4): 18-25.

[15] 王珊, 萨师煊. 数据库系统概论 [M]. 4版. 北京: 高等教育出版社, 2006.

[16] 于戈, 申德荣. 分布式数据库系统原理与应用 [M]. 北京: 机械工业出版社, 2016.

[17] 怀特. Hadoop权威指南 [M]. 周敏奇, 钱卫宁, 金澈清, 等译. 北京: 清华大学出版社, 2014.

投资与估值丛书

书号	书名	定价
978-7-111-62862-0	估值:难点、解决方案及相关案例	149.00
978-7-111-57859-8	巴菲特的估值逻辑:20个投资案例深入复盘	59.00
978-7-111-51026-0	估值的艺术:110个解读案例	59.00
978-7-111-62724-1	并购估值:构建和衡量非上市公司价值(原书第3版)	89.00
978-7-111-55204-8	华尔街证券分析:股票分析与公司估值(原书第2版)	79.00
978-7-111-56838-4	无形资产估值:如何发现企业价值洼地	75.00
978-7-111-57253-4	财务报表分析与股票估值	69.00
978-7-111-59270-9	股权估值	99.00
978-7-111-47928-4	估值技术	99.00

资本的游戏

书号	书名	定价	作者
978-7-111-62403-5	货币变局：洞悉国际强势货币交替	69.00	（美）巴里.艾肯格林
978-7-111-39155-5	这次不一样：八百年金融危机史（珍藏版）	59.90	（美）卡门M.莱茵哈特 肯尼斯S.罗格夫
978-7-111-62630-5	布雷顿森林货币战：美元如何统治世界（典藏版）	69.00	（美）本·斯泰尔
978-7-111-51779-5	金融危机简史：2000年来的投机、狂热与崩溃	49.00	（英）鲍勃·斯瓦卢普
978-7-111-53472-3	货币政治：汇率政策的政治经济学	49.00	（美）杰弗里A.弗里登
978-7-111-52984-2	货币放水的尽头：还有什么能拯救停滞的经济	39.00	（英）简世勋
978-7-111-57923-6	欧元危机:共同货币阴影下的欧洲	59.00	（美）约瑟夫E.斯蒂格利茨
978-7-111-47393-0	巴塞尔之塔:揭秘国际清算银行主导的世界	69.00	（美）亚当·拉伯
978-7-111-53101-2	货币围城	59.00	（美）约翰·莫尔丁 乔纳森·泰珀
978-7-111-49837-7	日美金融战的真相	45.00	（日）久保田勇夫

CFA协会投资系列
CFA协会机构投资系列

机械工业出版社历时三年,陆续推出了《CFA协会投资系列》(共9本)《CFA协会机构投资系列》(共4本)两套丛书。这两套丛书互为补充,为读者提供了完整而权威的CFA知识体系(Candidate Body of Knowledge,简称CBOK),内容涵盖定量分析方法、宏微观经济学、财务报表分析方法、公司金融、估值与投资理论和方法、固定收益证券及其管理、投资组合管理、风险管理、投资组合绩效测评、财富管理等,同时覆盖CFA考试三个级别的内容,按照知识领域进行全面系统的介绍,是所有准备参加CFA考试的考生,所有金融专业院校师生的必读书。

序号	丛书名	中文书号	中文书名	原作者	译者	定价
1	CFA协会投资系列	978-7-111-45367-3	公司金融:实用方法	Michelle R. Clayman, Martin S. Fridson, George H. Troughton	汤震宇 等	99
2	CFA协会投资系列	978-7-111-38805-0	股权资产估值(原书第2版)	Jeffrey K.Pinto, Elaine Henry, Jerald E. Pinto, Thomas R. Robinson, John D. Stowe, Abby Cohen	刘醒云 等	99
3	CFA协会投资系列	978-7-111-38802-9	定量投资分析(原书第2版)	Jerald E. Pinto, Richard A. DeFusco, Dennis W. McLeavey, David E. Runkle	劳兰珺 等	99
4	CFA协会投资系列	978-7-111-38719-0	投资组合管理:动态过程(原书第3版)	John L. Maginn, Donald L. Tuttle, Dennis W. McLeavey, Jerald E. Pinto	李翔 等	149
5	CFA协会投资系列	978-7-111-50852-6	固定收益证券分析(原书第2版)	Frank J. Fabozzi	汤震宇 等	99
6	CFA协会投资系列	978-7-111-46112-8	国际财务报表分析	Thomas R. Robinson, Elaine Henry, Wendy L. Pirie, Michael A. Broihahn	汤震宇 等	149
7	CFA协会投资系列	978-7-111-50407-8	投资决策经济学:微观、宏观与国际经济学	Christopher D. Piros	韩复龄 等	99
8	CFA协会投资系列	978-7-111-46447-1	投资学:投资组合理论和证券分析	Michael G. McMillan	王晋忠 等	99
9	CFA协会投资系列	978-7-111-47542-2	新财富管理:理财顾问客户资产管理指南	Roger C. Gibson	翟立宏 等	99
10	CFA协会机构投资系列	978-7-111-43668-3	投资绩效测评:评估和结果呈报	Todd Jankowski, Watts S. Humphrey, James W. Over	潘席龙 等	99
11	CFA协会机构投资系列	978-7-111-55694-7	风险管理:变化的金融世界的基础	Austan Goolsbee, Steven Levitt, Chad Syverson	郑磊 等	149
12	CFA协会机构投资系列	978-7-111-47928-4	估值技术:现金流贴现、收益质量、增加值衡量和实物期权	David T. Larrabee	王晋忠 等	99
13	CFA协会机构投资系列	978-7-111-49954-1	私人财富管理:财富管理实践	Stephen M. Horan	翟立宏 等	99